MÔJ ĽVOV

MEMOÁRE DVANÁSŤROČNÉHO
DIEVČAŤA O HOLOKAUSTE

JANINA HESCHELES

OBSAH

Predslov — vii
Úvod — ix
Kronika Ľvova — xv
Fotografie — xxi

1. Otec prichádza domov — 1
2. Nemci vstupujú do mesta: Prvý pogrom — 4
3. Židovská štvrť — 12
4. Veľká akcia v auguste 1942 — 17
5. Na árijskej strane — 22
6. Zatknutie — 28
7. Späť do geta — 33
8. Odlúčenie od matky — 36
9. V D.A.W. a tábore Janowski — 40
10. Obesenie — 48
11. Roš hašana a Jom kipur v tábore – Útek — 56
    Epilóg — 63

JANINE BÁSNE 1941-1945

Nostalgia — 74
Príde čas — 76
Len zopár — 77
Weyssenhof — 78
Piesky v Piaski — 80
Belzec — 82
Matke — 84
Noc — 86
Oddych — 87
Poronin – na hore — 89

Poďakovanie	91
Citácie z predslovov, doslovov a filmov	95
Žiadosť o recenziu	107
Slovník	109
Index	113

ISBN 9789493322288 (brožovaná väzba)

ISBN 9789493322271 (e-kniha)

Vydavateľ: Amsterdam Publishers

info@amsterdampublishers.com

Copyright © Janina Hescheles, 2020

Predná strana obálky: zápisník s fotografiou Janiny a jej rodičov z roku 1941.

Prvýkrát vyšlo v poľštine pod názvom *Oczyma dwunastoletniej dziewczyny*, Wojewodzka Żydowska Komisja Historyczna, Krakov, 1946.

Pôvodne publikované v angličtine ako Outcry Holocaust Memoirs.

Z angličtiny do slovenčiny preložila Romana Petkovska.

Všetky práva vyhradené. Žiadna časť tejto publikácie nesmie byť reprodukovaná alebo prenášaná v akejkoľvek forme alebo akýmikoľvek prostriedkami, elektronickými alebo mechanickými, vrátane fotokópií, nahrávania alebo akéhokoľvek iného systému na uchovávanie a vyhľadávanie informácií, bez predchádzajúceho písomného súhlasu vydavateľa.

PREDSLOV

Biologické hodiny tikajú. Môj zrak a sluch už nie sú také ako kedysi a moja pamäť je rozmazaná. Generácia, ktorá prežila druhú svetovú vojnu, sa blíži k svojmu prirodzenému koncu. Ako u mnohých starších ľudí, aj moje myšlienky sa vracajú do rodného mesta; k ľuďom, ktorí mi zostali blízki, s pocitom, že zostávajú neoddeliteľnou súčasťou bolestnej histórie ľudstva, na ktorú sa nezabúda.

„Môj" Ľvov dnes nájdete na každom mieste, kde je život destabilizovaný, kde ľudia strácajú svoje rodiny, kde sú vyháňaní zo svojich domovov a dedín. Spoznávam ho v zabednených dverách a oknách prázdnych domov v úzkych uličkách *Wadi Salib* (Údolie kríža) v Haife. Ich obyvatelia boli počas vojny v roku 1948 nútení ich opustiť.

V mojej predstavivosti sa obnovujú scény z minulosti: vyľakaní ľudia rýchlo bežia po úzkych kamenných schodoch, ktoré vedú do prístavu, nad hlavami sa im ozývajú výstrely. Dole čakajú lode, ktoré ich odvezú na neznáme miesto.

História pozná niekoľko presídlení obyvateľstva, ale naša tragická minulosť nám nedáva právo zaberať pôdu, ničiť domy alebo vykoreniť olivovníky, ktoré sa pestovali po celé generácie. Takéto správanie znevažuje holokaust.

Naopak, naša budúcnosť na Blízkom východe závisí od našej schopnosti vytvoriť podmienky, ktoré nám umožnia žiť spolu bez cyklického návratu k násiliu a vojnám. To, že dnes existujú demonštranti, ktorí kričia: „Židia a Arabi odmietajú byť nepriateľmi!" mi dodáva odvahu a vzbudzuje vo mne nádej.

Janina Hescheles Altman

Haifa, január 2020

ÚVOD

Ďalší život zachránený z bezodného mora zla. Nebolo to náhodou, ale vďaka dôkladnej práci v podzemí. Toto dvanásťročné dievča bolo zachránené, pretože bolo súčasťou literárneho sveta. Bola jednou z ľudí v tábore Janowski vo Ľvove, ktorí boli nakazení literárnym vírusom. V tomto strašnom nacistickom tábore sa tento vírus mohol kedykoľvek ukázať ako smrteľný, ale pre Janinu (alebo skrátene Janku) Hescheles to bol elixír života.

Čo by sa stalo s týmto dievčaťom spomedzi stoviek väzňov v tábore Janowski, keby nebolo jej túžby po poézii, jej túžby podávať svedectvo „v básňach bez rýmov" o všetkom, čo sa okolo nej deje?

Pozornosť Iliana (Michala) Borwicza (Ilian bola podzemná prezývka Michala Borwicza) upútali básne, ktoré Janina recitovala po večeroch pred ženami zo svojej skupiny pri svetle mŕtvol, ktoré sa pálili v Piaski – piesočných dunách za táborom, kde ich zastrelili. Takto sa nadviazal kontakt medzi mladou väzenkyňou a podzemnou skupinou pôsobiacou v tábore. V Jankinom denníku sa často stretávame s menami Ilian, Wahrman, Grün, Jakubowicz, Fränkel a Kleinman – všetci tí, ktorých spájala podzemná činnosť.

Po tom, čo sa mu podarilo uniknúť z pekla tábora Janowski, Ilian Borwicz nikdy neprestal myslieť na Janinu. Vrhnutá do priepasti hrôzy Janina chápala a vnímala viac, než sa dalo očakávať od človeka v jej veku. Dostať ju z tábora sa stalo jednou z Ilianových priorít po jeho príchode do Krakova. V tábore mal svoje kontakty, takže úniková cesta bola jasná – o zvyšok sa musela postarať Żegota (Rada pre pomoc Židom). V auguste 1943 sa naša spojka Ziuta Ryšińska[1] vybrala do Ľvova, aby s Wahrmanom prediskutovala „kedy" a „ako". Napokon v októbri 1943 sa Janine a Elżbiete podarilo tábor opustiť.

O niekoľko týždňov neskôr, keď bola Janina v Krakove, sme jej dali zápisník a ceruzku. Tento sivý zošit, popísaný veľkým a jasným detským písmom, sa našťastie zachoval po tom, ako ho starostlivo prenášali z miesta na miesto, rovnako ako jeho autorku – ale nikdy nie spolu s ňou.

Rovnako ako autorka bol starostlivo strážený, pretože sme vedeli, že každý kúsok papiera s „podozrivým" obsahom by sa mohol stať osudným. Na desiatkach strán napísaných Janinou Hescheles bolo všetko jasné a jednoduché, nie podozrivé.

Od tohto mladého dievčaťa, ktoré utieklo z tábora Janowski, nebolo možné požadovať, aby si dávalo pozor na to, čo píše. Tým by sme sa pripravili o to najpodstatnejšie: o jej detskú úprimnosť.

Po prečítaní prvých strán sme pochopili hodnotu tohto denníka. Autorka, ktorá bezpochyby mala talent a ovládala umenie písania, opísala svoje zážitky nielen úprimne, ale verne zaznamenala aj mená a dátumy.

Z tohto dôvodu, aj keď v tom čase záchrana života znamenala riskovať životy mnohých iných, sme neváhali a požiadali Janinu, aby napísala všetko, čo zažila vo Ľvove krátko po úteku z tábora.

Dnes dokážeme oceniť, že písala, kým mala realitu tábora Janowski ešte v čerstvej pamäti, skôr než jej život na (určitej) slobode mohol zahladiť spomienky na uplynulé roky.

Zhodou okolností sa v prvom byte – v Krakove, kde našla útočisko – nemusela tváriť, aspoň nie pred svojimi hostiteľmi, ani predstierať, že je niekto iný, čo jej umožnilo čo najvernejšie zapísať svoje spomienky.

Samozrejme, nie všetko bolo také jednoduché. Mladá väzenkyňa, dieťa vytrhnuté z tábora, preháňala mieru svojej bezpečnosti s nadmerným optimizmom. Podvedome to vyjadrila počas prvých dní v Krakove, ktoré opisuje na konci svojho denníka: „Nemohla som uveriť, že som v spálni, ležím v posteli a nikto neruší ticho."

Po tábore Janowski jej slová ako „spálňa", „posteľ" a „ticho", ktoré pre nás nepredstavovali nič iné ako rutinu, dávali nafúknutý pocit bezpečia. Preto tá indiferencia a nedbalosť, ktorá v prvom byte, kde bývala (v našej izbe, ktorá slúžila len ako dočasné útočisko), znamenala, že tu a tam nechala malé poznámky medzi stránkami nejakej knihy, ktorú čítala – poznámky o tábore, o Piaski, Belzci, smrti a túžbe po matke.

Denník bol napísaný a vzatý na svoju utajenú cestu, hoci bol trochu iný ako jeho autorka. Plne sme ocenili význam a historickú hodnotu tohto skromného zápisníka.

Rok a pol – od októbra 1943 až do dňa oslobodenia – ho často narýchlo zhromažďovali spolu s ostatnými dokumentami a prenášali, keď už predchádzajúci úkryt nebol bezpečný.

Janina tiež často musela zmeniť svoje miesto a identitu. Po prvých pokojných mesiacoch sa musela pravidelne „sťahovať". Stala sa dcérou poľského dôstojníka a židovskej matky – nemali sme na výber!

Potom, po Varšavskom povstaní, sa z nej stala utečenka z Varšavy. Konečne sa mohla sama rozhodnúť, akú identitu chce, pričom využívala svoju fantáziu. Posledné mesiace vojny strávila v príjemnej atmosfére sirotinca Jadwigy Strzałeckej,[2] ktorá toto zariadenie presťahovala z ruín Varšavy do Poroninu, dediny na úpätí Tatier.

Memoáre sme poslali do tlačiarne v pôvodnej podobe, bez úprav – okrem pravopisných korektúr. Janina svojím kompaktným rukopisom opísala život a smrť Židov za nacistickej okupácie, tému, o ktorej sa v súčasnosti tak často hovorí vďaka obrovskej knižnici dokumentov a svedectiev.

Janina, píšuca vo svojom kúte a schovávajúca zápisník vždy, keď zazvonil zvonček alebo bolo počuť kroky na schodisku, nám poskytla dokument veľkej historickej a vzácnej psychologickej hodnoty.

Židovská historická komisia viedla rozhovory s mnohými deťmi a niektoré príbehy boli hlboko dojímavé, ale bol tu zásadný rozdiel – deti, ktoré vypovedali pred komisiou, hovorili slobodne. Boli mimo nebezpečenstva, v slobodnom a bezpečnom svete, zatiaľ čo Janina písala svoje spomienky, keď bola ešte ponorená do atmosféry tábora.

Počas každého stretnutia s nami sa pýtala na novinky „odtiaľ". Napriek svojej zdanlivej istote si nepochybne uvedomovala nebezpečenstvo, ktoré jej hrozilo, o to viac, že sme pred ňou nič neskrývali. Mali by sme preto zdôrazniť zrelosť, vyjadrujúc sa k niektorým témam, a odstup, ktorý si zachovávala, pokiaľ išlo o veľmi osobné a stále bolestivé otázky.

V novej realite života v gete, ako aj v tábore, sa formovala osobnosť tohto osireleho dievčaťa, ktoré stratilo otca a matku a ktoré bolo svedkom smrti stoviek ľudí.

„Nový poriadok" bol v jej mysli jasne charakterizovaný – pád jedných a vzostup tých, ktorí ich nahradili.

Napríklad Janin strýko dostal prácu čističa kanalizačných tunelov vďaka úplatku a holič, ktorý holil nemeckého veliteľa mesta, mohol prevziať byt. Inak to však bolo s ľuďmi, ktorí nemali žiadne konexie...

Posledné slová, ktoré jej otec povedal, mali zlovestný význam: „... buď statočná a nikdy neplač. Plač je ponižujúci či už od šťastia, alebo od smútku."

Janina napísala: „Keď ma nikto nevidel, plakala som bez prestania." Po pekle z tábora napísala o skupine žien, s ktorými sa chodila sprchovať mimo ostnatého drôtu: „Keď sme prechádzali mestom, okoloidúci a deti sa na nás pozerali. Nechceli sme, aby si všimli náš žalostný stav, a tak sme si spievali veselé pochodové piesne."

Občas sme videli nákladné autá s mladými židovskými dievčatami z geta alebo tábora, ktoré veselo spievali. Niekedy sme počuli aj takýto komentár: „... a oni stále spievajú, títo Židia, aká drzosť!" Tu je jedna z týchto „drzých" väzenkýň, dvanásťročné dievča, ktoré úprimne vysvetľuje, prečo odsúdené ženy spievali.

Táto vzbura neprišla z ničoho nič. Toto mladé dievča, ktoré sa potulovalo po tábore a počúvalo rozhovory v Ilianovej dielni na balenie kartónu, postupne nasávalo myšlienky ľudí, ktorí vytrvalo vzdorovali divokému zaobchádzaniu. V tejto atmosfére sa zrodil duch vzbury: Janina sa vzoprela svojmu osudu osoby odsúdenej na obesenie. Podľa jej slov: „Je toto odvaha? Musím byť takou hrdinkou? Nie! Chcem žiť!"

Preto v Krakove navrhla, aby jej dovolili pomáhať hnutiu odporu, alebo jej nápad kúpiť pollitrovú fľašu benzínu a skryť ju medzi posteľné prestieradlá, keď sa po varšavskom povstaní veľa hovorilo o hrdinstve detí, ktoré nabíjali tanky fľašami s benzínom.

Dúfame, že tieto memoáre budú nielen historickým dokumentom, nielen ďalším obviňujúcim hlasom proti nacistickému režimu, ale poslúžia aj ako materiál pre učiteľov a psychológov. Nech zvážia, čo majú odovzdať deťom, ktoré sú na svoj vek zrelé, hlboko zranené a veľmi citlivé.

Napísala Maria Hochberg-Mariańska,[3] aktivistka Żegoty a editorka prvého poľského vydania denníka Hescheles v roku 1946.[4]

---

1. Ziuta Ryshińska, spojka Żegoty. Nakoniec ju zajali a poslali do koncentračného tábora Plaszow a odtiaľ do Osvienčimu. Vojnu prežila a dostala ocenenie Spravodlivý medzi národmi Jad Vašem.
2. Jadwiga Strzałecka založila vo Varšave sirotinec, v ktorom ukryla asi desať židovských detí a niekoľko židovských žien, ktoré s deťmi pracovali. Po zničení Varšavy zostalo mnoho ľudí bez dokladov totožnosti a sirotinec prijal mnoho ďalších židovských sirôt a pracovníčok. Nikto okrem Jadwigy nepoznal identitu chovancov.
3. Maria Hochberg-Mariańska (v Izraeli prijala meno Miriam Peleg), novinárka a aktivistka Żegoty (Rady pre pomoc Židom). Hochberg-Mariańska následne pracovala so sirotami, zbierala svedectvá a plnila úlohy pre Jad Vašem v Izraeli. Medzi jej knihy patria napríklad: *The children accuse*, vyd. Maria Hochberg-Mariańska, Noe Grüss (v poľštine), Krakov, 1947; a *Outside the ghetto walls in occupied Cracow*, spoluautorka M. Ben-Zvi (v hebrejčine), Jad Vašem, 1987.
4. Janina Hescheles, *Oczyma dwunastoletniej dziewczyny*, Wojewodzka Żydowska Komisja Historyczna, Krakov, 1946. Redakčný výbor: Michal Borwicz, Maria Hochberg-Mariańska, Jósef Wulf.

KRONIKA ĽVOVA

13. storočie:

Ľvov (ukrajinsky Lviv) bol založený rusínskymi (ukrajinskými) kniežatami ako obchodné mesto na križovatke obchodných ciest. Osídlili ho Rusíni, Poliaci, Židia (ktorých pôvod bol pravdepodobne v Chazarskom kráľovstve a Byzancii), Arméni a Nemci.

Po roku 1340:

Ľvov sa stal súčasťou Poľského kráľovstva.

1772-1919:

Poľsko bolo rozdelené medzi Rusko, Prusko a Rakúsko. Ľvov sa stal súčasťou Rakúsko-Uhorska s názvom Lemberg.

1914-1918:

Prvá svetová vojna – Rakúsko bolo na strane porazených.

1919:

Boje medzi Poliakmi, Ukrajincami a Rusmi o ukrajinské územia. Ľvov obsadili Poliaci. Židia boli v tomto konflikte neutrálni, ale Poliaci ich podozrievali, že sú na strane Ukrajincov, a zorganizovali proti nim pogrom. S cieľom vysvetliť pozíciu Židov boli založené židovsko-sionistické noviny *Chwila*. Henryk Hescheles, Janin otec, sa stal členom redakčnej rady a v 30. rokoch 20. storočia aj šéfredaktorom.

1919-1939:

V meste Ľvov tvorili približne polovicu obyvateľstva Poliaci, tretinu Židia (110 000) a približne 20 percent Ukrajinci. Na okolitom vidieku tvorili väčšinu Ukrajinci.

23. august 1939:

Dohoda Molotov-Ribbentrop o rozdelení Poľska medzi Nemeckom a Sovietskym zväzom.

1. september 1939:

Nemecká armáda vtrhla do Poľska. Vypuknutie druhej svetovej vojny. Henryk Hescheles odišiel z Poľska.

17. september 1939:

Sovietska armáda vstúpila do Ľvova. Henryk sa rozhodol vrátiť k svojej rodine do Ľvova a bol zatknutý sovietskou pohraničnou políciou. Po roku a pol bol prepustený z väzenia.

22. jún 1941:

Operácia Barbarossa. Nemecko napadlo Sovietsky zväz. Pri ústupe sovietske vojská útočili na všetky väznice vo Ľvove. Väčšina väzňov zahynula.

30. jún 1941:

Do Ľvova vstúpili nemecké jednotky vrátane ukrajinskej brigády *Nachtigal* (Slávik), ktorej vojaci nosili uniformy Wehrmachtu, a nemeckého *Einsatzkommanda* (jednotky špeciálnych operácií).

30. jún-3. júl 1941:

Prvý pogrom vo Ľvove, počas ktorého bolo zabitých 4 000 Židov, medzi nimi aj Janin otec. Podľa vopred pripraveného zoznamu boli zavraždení aj poľskí intelektuáli.

8. jún 1941:

Vydanie nariadenia, podľa ktorého museli Židia od štrnástich rokov nosiť bielu pásku na ruke s modrým nápisom Magen David („Dávidova hviezda").

22. jún 1941:

Uverejnený bol dekrét o zriadení *Judenratu*. Jeho prvým predsedom sa stal Józef Parnas, jeho zástupcom Adolf Rotfeld. *Judenratu* sa nariadilo, aby do dvoch týždňov zaplatil výkupné vo výške 20 miliónov rubľov.

25.-27. júl 1941:

Pogrom Petliura, počas ktorého bolo zavraždených 2 000 Židov, medzi nimi aj Janin strýko. Väčšina synagóg bola podpálená.

September 1941:

Na ulici Janowska boli postavené priemyselné vojenské závody (*Deutsche Ausrüstungswerke* alebo D.A.W.).

2. október 1941:

Zriadený bol koncentračný tábor Janowski. Doktor Parnas, prvý vedúci *Judenratu*, bol popravený po tom, čo odmietol dodať Nemcom mladých mužov do koncentračného tábora. Jeho zástupca Adolf Rotfeld bol vymenovaný za vedúceho *Judenratu*.

8. november 1941:

Väčšina židovského obyvateľstva bola sústredená medzi ulicami Zamarstynowska a Szpitalna. V podchode pod mostom Pełtavna – nazývanom Most smrti – bolo zabitých 5 000 Židov.

20. január 1942:

Konferencia vo Wannsee. Nacistické vedenie sa stretlo vo Wannsee na predmestí Berlína a prijalo uznesenie, v ktorom vyzývalo na „konečné riešenie židovskej otázky" prostredníctvom vyhladenia Židov.

Február 1942:

Adolf Rotfeld zomrel na infarkt. Jeho nástupca Henryk Landesberg sa stal predsedom *Judenratu*.

Marec-apríl 1942:

V rámci „akcie proti asociálnym živlom" (podľa zoznamov ľudí, ktorí dostali komunálnu pomoc) bolo 15 000 ľudí poslaných do vyhladzovacieho tábora Belžec. Rabínska rada sa postavila proti odovzdaniu zoznamov núdznych.

24. jún 1942:

Počas rýchlej dvanásťhodinovej akcie bolo deportovaných 6 000 až 8 000 ľudí.

10.-31. august 1942:

„Veľká akcia" (známa aj ako augustová akcia). Do vyhladzovacieho tábora Belżec bolo poslaných 50 000 ľudí zo Ľvova a okolia. Väčšina Janinej rodiny bola zabitá.

1. september 1942:

Henryk Landesberg, predseda *Judenratu*, a jedenásť židovských policajtov boli obesení na balkónoch židovského komunitného centra.

Január 1943:

Z geta sa stal *Julag* alebo židovský pracovný tábor. Komunitné inštitúcie boli zatvorené a ich pracovníci zavraždení.

2.-16. jún 1943:

Likvidácia geta vo Ľvove. Smrť Janinej matky. Janina sa dostala do tábora Janowski, do poslednej preživšej skupiny Židov vo Ľvove a v Haliči.

13. október 1943:

Na žiadosť Michala Borwicza pomohla podzemná Rada pre pomoc Židom, Żegota, Janine utiecť z tábora. Členovia Żegoty dali Janine zápisník a ceruzku a požiadali ju, aby zapísala všetko, čo si pamätá. Tieto poznámky tvoria hlavnú časť tejto knihy.

19. november 1943:

Likvidácia tábora Janowski. Ľvov bol vyhlásený za „slobodný od Židov" (*Judenrein*).

Marec 1944 až do konca vojny:

Janina bola v sirotinci Jadwigy Strzałeckej v Poronine, v tatranskom podhorí na juhu Poľska.

24. júl 1944:

Sovietska armáda znovu získala Ľvov. Poľskí obyvatelia boli presídlení do Poľska, najmä do častí na západe, z ktorých boli vyhnaní Nemci. Odhaduje sa, že zo Ľvova bolo odsunutých 100 000 až 150 000 Poliakov. Mesto znovu osídlili Ukrajinci a Rusi (vrátane mnohých Židov z Ruska), ktorých doň prilákalo množstvo uvoľnených bytov.

1946:

Židovská historická komisia v Krakove vydala Janin denník *Oczyma dwunastoletniej dziewczyny*.

Február 1946:

Mesto Ľvov bolo v súlade s Jaltskými dohodami pripojené k Ukrajinskej republike Sovietskeho zväzu. Dostalo svoj ukrajinský názov: Lviv.

FOTOGRAFIE

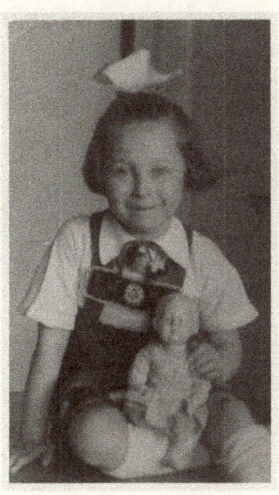

Janina ako dieťa

Janina a jej matka (1935)

Janina a jej otec (1936)

Janina a jej rodičia (1941)

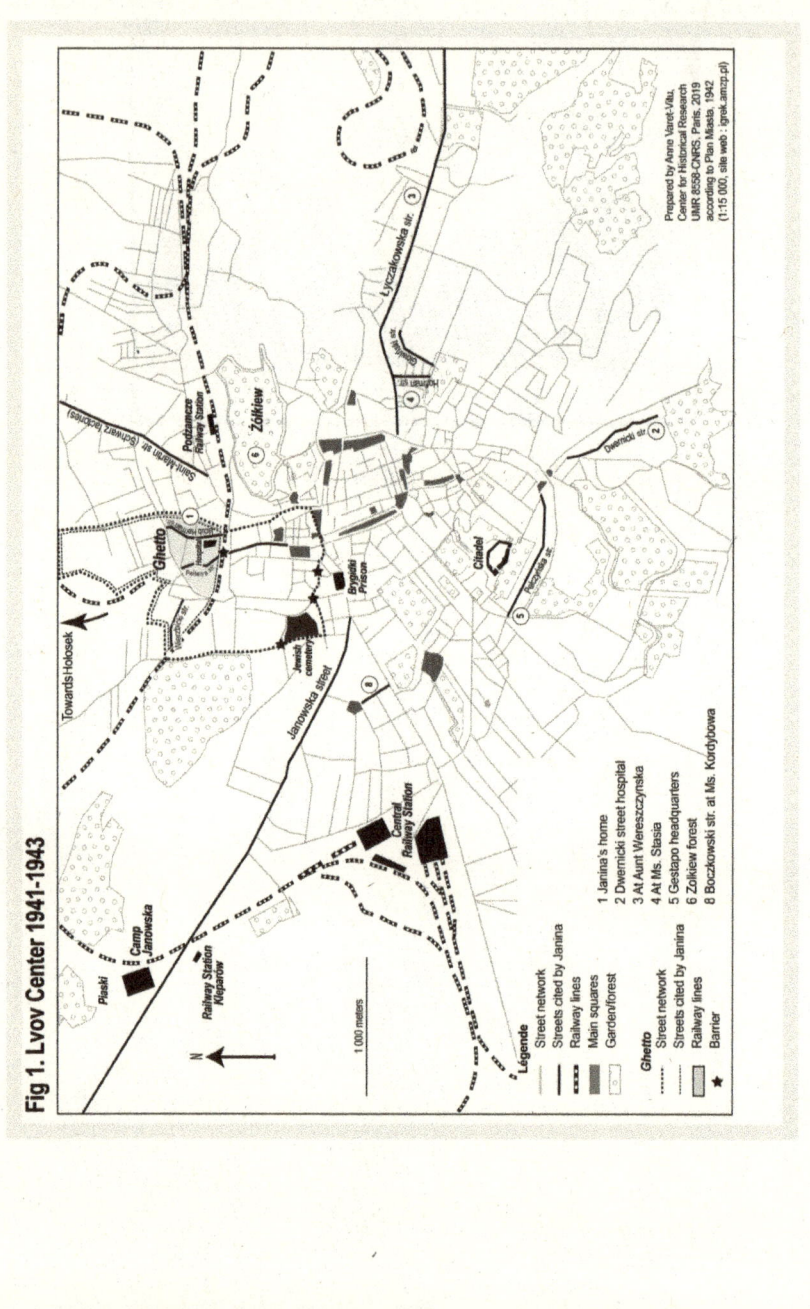

Fig 1. Lvov Center 1941-1943

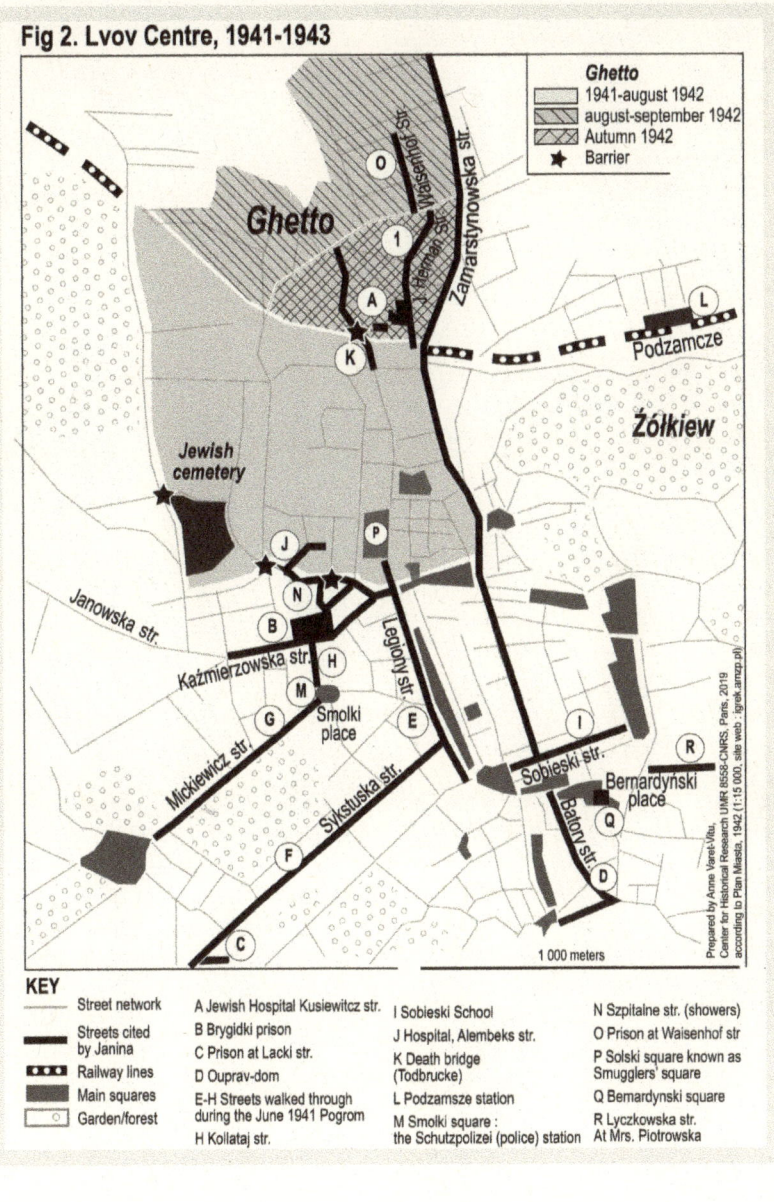

Fig 2. Lvov Centre, 1941-1943

Ghetto
- 1941-august 1942
- august-september 1942
- Autumn 1942
- ★ Barrier

KEY
- Street network
- Streets cited by Janina
- Railway lines
- Main squares
- Garden/forest

A Jewish Hospital Kusiewitcz str.
B Brygidki prison
C Prison at Lacki str.
D Ouprav-dom
E-H Streets walked through during the June 1941 Pogrom
H Kollataj str.
I Sobieski School
J Hospital, Alembeks str.
K Death bridge (Todbrucke)
L Podzarnsze station
M Smolki square: the Schutzpolizei (police) station
N Szpitalne str. (showers)
O Prison at Waisenhof str
P Solski square known as Smugglers' square
Q Bernardyński square
R Lyczkowska str. At Mrs. Piotrowska

Prepared by Anne Vanet-Vitu, Center for Historical Research UMR 8558-CNRS, Paris, 2019 according to Plan Miasta, 1942 (1:15 000, site web : igrek.amzp.pl)

1
OTEC PRICHÁDZA DOMOV

Bol to ten najkrajší okamih. Niekto sa ma snažil zobudiť bozkami. Odstrčila som ho a zamrmlala: „Chcem spať, dedko." Ale ten muž trval na svojom. Prekvapilo ma to, pretože som nebola zvyknutá na takú náklonnosť a dedko taký zvyčajne nebol. Pretrela som si oči, a keď som videla, že ten holohlavý muž predo mnou nie je dedko, začala som sa rozčuľovať. Otec sa predsa zjavoval len v snoch a bol ďaleko na Sibíri.

Ten plešatý muž ma naďalej objímal a bozkával. Všimla som si, že je starý, špinavý a oblečený v handrách. Keď som ustálila pohľad na jeho tvári, dokázala som rozoznať drahé črty, ktoré mi tak často chýbali, a začala som plakať.

Matka zatiaľ stála pri posteli, bledá a bez slova, a pozorovala nás. Všetci traja sme sa neveriacky pozerali okolo seba. Tatuš (otcova prezývka) nemohol uveriť, že je tu, so svojou ženou a dcérou, v zariadenej spálni s lesklou podlahou.

Prvý večer, keď sme sa opäť stretli, sme strávili v tichu.

Až oveľa neskôr som pochopila, čo sa stalo. V septembri 1939 môj otec a jeho brat Mundek, ktorý bol tiež novinárom v *Chwile*, opustili Ľvov pred postupujúcimi Nemcami a teraz sa vrátili domov.

Keďže nás vo Ľvove vyhodili z nášho bytu, presťahovali sme sa k starým rodičom do židovskej štvrte na ulici Jakuba Hermana 14, oproti veternému mlynu.

Musela som vstávať o piatej ráno; poľská škola, do ktorej som chodila, bola ďaleko. Kým som si zapletla vlasy, bolo už pol siedmej a na raňajky nezostal čas. Mama, otec a ja sme po špičkách prechádzali cez izbu, kde spali dedko a babka, aby sme ich nezobudili. Odchádzali sme spolu, matka do nemocnice, kde pracovala, a ja do školy. Otec, ktorý bol teraz už doma, nás sprevádzal až k električke a pred odchodom nás pobozkal na rozlúčku.

Matkina práca a moja škola sa začínali o siedmej. Na poludnie som vždy išla za ňou do nemocnice, aby som sa naobedovala a urobila si domáce úlohy. Kým ona pracovala v nemocnici, ja som zostala u tety Reissovej, otcovej sesternice, na Fredryho ulici. Jej priateľka Jadzia Piotrowska ma tam po škole brávala. Potom som chodila na hodiny baletu do divadla a o šiestej som sa vrátila domov.

Doma som otca našla ležať na gauči v zadymenej obývačke. Zhasla som svetlo a pohodlne som si ľahla vedľa neho. Matka sa vracala domov najskôr o desiatej, pretože po práci chodila na prednášky o dejinách komunistickej strany. Všetci traja sme si dali spoločnú neskorú večeru a potom sme si ľahli do postele – so mnou uprostred na nejaký čas. To bola pre mňa najlepšia časť dňa. Po chvíli som sa presunula na gauč, kde mi otec spieval, kým som zaspala.

Život vo väzení mu veľmi oslabil nervový systém a v noci nemohol spať. Chodil z matkinej postele na môj gauč a neustále fajčil. Nemohol pracovať. Odišiel do Truskavca, neďalekej dediny, ale po dvoch dňoch sa vrátil neúspešne, keďže nenašiel žiadnu prácu.

V nedeľu matka dôkladne poupratovala izbu, kým sme s otcom chodili von. Buď sme išli na zmrzlinu k Zalewskému, alebo sme sa len tak prechádzali po meste.

Ľudia, ktorí nás poznali, sa nás báli pozdraviť, pretože otec bol vo väzení. Jednoducho sa tvárili, že nás nevideli. Dokonca aj otcova sesternica, ktorá slávnostne sľúbila, že sa o nás postará, kým bol preč, sa rozhodla ignorovať nás, keď nás prvýkrát uvidela na ulici.

Otec mal troch priateľov: Rotfelda, Jollesa a Bristigera. Doktor Kurzrok, obchodný príbuzný, posielal otcovi pred vojnou všelijaké články, ktoré mal uverejniť v novinách. Otec bol šéfredaktorom denníka *Chwila* [Chvíľa],[1] židovského časopisu, ktorý vychádzal pred vojnou v poľštine. Doktor Kurzrok zastupoval ako dekan lekárskej fakulty a otec ho plánoval požiadať o pomoc s hľadaním práce. Potom však zrazu vypukla vojna.

---

1. *Chwila* bol veľmi populárny denník s dvoma vydaniami, ranným a večerným. Založil ho v roku 1919 Gerszon Zipper, švagor môjho otca (manžel jeho sestry), krátko po pogrome v roku 1918. Noviny mali aj literárnu prílohu, ktorá bola populárna medzi nežidmi, ako aj prílohu pre deti *Chwilka* (Chvíľka).

2

NEMCI VSTUPUJÚ DO MESTA: PRVÝ POGROM

22. júna 1941 Nemci zaútočili na sovietsku armádu (operácia Barbarossa) a Rusi začali z mesta ustupovať, keď sa k nemu Nemci blížili.

Matka vzala otca k bratovej manželke, tete Marysii, na Lyczakowskú ulicu, aby tam mohol zostať, kým sa situácia v meste neupokojí. Teta Marysia však nebola doma. Spolu s dcérami si našla úkryt pred výbuchmi na Glowinskej ulici, a tak tam otec zostal sám.

Nemci prišli v pondelok 30. júna 1941.

Mamuška, ako sme volali matku, pracovala ako sekretárka v nemocnici na Dwernického ulici 54, ale od vypuknutia vojny bola zamestnaná ako zdravotná sestra.

Išla do nemocnice, ale obávala sa nechať starého otca a starú mamu samých.

Matke sa uľavilo, že sa nemusí báť o otca. Ja som bola stále doma, keďže pani Jadzia Piotrowská po mňa neprišla.

Počas celého dňa a dlho do noci sme počuli výbuchy.

V utorok o pol piatej ráno niekto zaklopal na dvere, keď sme ešte spali. Myslela som si, že to možno bude pani Jadzia, ale bol to otec, ktorý nám priniesol z tetinho domu masť a žemle. Požiadal nás, aby sme sa obliekli, a vyšli sme von.

To, čo sme videli, bolo úplne iné mesto, Ľvov po výbuchoch. Mesto bolo na nepoznanie. Nad vstupnými bránami sa vynímali ukrajinské modré a žlté vlajky. Okenice obchodov boli zničené a židovské obchody boli vyrabované. Ulice boli preplnené autami a bicykle boli ovešané kvetinami.

Prešli sme cez mesto pešo, aby sme sa vybrali za jedným z otcových priateľov, Adolfom Rotfeldom, na Batoryho ulicu. Pán Rotfeld bol zodpovedný za správu budov v okolí. Dostal príkaz odovzdať všetky rádiá.

Otec mu poradil, aby spálil všetky registre, aby Nemci ťažšie zistili, kto vlastní rádio. Otec a pán Rotfeld sa začali hádať a nakoniec sa pán Rotfeld rozhodol, že pôjde a rádio odovzdá. Otec to odmietol urobiť a vyrazil na stretnutie do domu rabína Levina o založení *Judenratu* [rady židovskej komunity]. Pán Rotfeld varoval otca, aby na stretnutie nešiel.

Kráčala som vedľa otca, zatiaľ čo pán Rotfeld niesol rádio spolu so svojím úradníkom. Ulice boli plné Ukrajincov ozbrojených drevenými a železnými palicami a z diaľky sme počuli krik.

Na rohu ulice Legony otec narazil na kamarátku a zastavil, aby sa porozprával. Pán Rotfeld pokračoval v chôdzi. Po niekoľkých minútach sa vrátil úradník, ktorý pánovi Rotfeldovi pomáhal, a zamrmlal niekoľko slov po nemecky. Otec zmenil smer a pokračovali sme cez ulicu Sykstuska. Tváril sa ustráchane, a tak som sa ho spýtala, čo sa stalo, ale nechcel povedať.

Pred poštou boli ľudia s lopatami a Ukrajinci bili Židov a kričali: „*Jude! Jude!*"

Otec opäť zmenil smer a zamieril na Mickiewiczovu ulicu za ďalším priateľom, doktorom Jollesom. Posadili ma do kresla a dali mi knihy a sladkosti, zatiaľ čo sa v kúte ticho rozprávali.

Všetok ten šepot ma prekvapil. Za oknom bolo počuť krik. Otec vyskočil zo stoličky, pozrel sa na hodinky a odišli sme.

Zastavila nás pani Nunia Blausteinová, ktorá stála vo vchode do budovy. Prosila nás, aby sme neodchádzali, že je nebezpečné, aby sme boli vonku. Sama bola zastavená Ukrajincami a obťažovaná. Pustili ju, až keď im povedala, že sa vracia z kostola.

Otec ma pobozkal a povedal: „Yania, máš už desať rokov a je na tebe, aby si bola samostatná. Nevenuj pozornosť tomu, čo robia iní ľudia. Je na tebe, aby si bola odvážna." Opäť ma pobozkal a povedal, že musí odísť.

Začalo mi to dochádzať. Chcela som plakať, ale on povedal: „Ak ma miluješ, odíď, buď statočná a *nikdy* neplač. Plač je ponižujúci či už od šťastia, alebo od smútku. Choď teraz domov a nechaj ma tu."

Objala som ho, naposledy pobozkala a odišla som. Keď som došla na roh ulice, obzrela som sa späť. Videla som otca, ako stojí pri vstupnej bráne a z diaľky mi posiela bozky.

Prešla som cez Kolontajskú ulicu, kam sa mal otec dostať na stretnutie s rabínom Levinom. Ulica bola plná mladých mužov, ktorí bili Židov pálkami, metlami a kameňmi. Odviedli Židov na Kazimierovskú ulicu v Brygidkách.

Prebehla som tou časťou ulice a zabočila na Legionovu. Aj tu bola ulička plná zbitých Židov. Aj tu odvážali ľudí do Brygidiek, aby upratali mŕtvoly.

Chcela som sa vrátiť na Zamarstynovskú, ale pokračovala som na Pšedškolovu ulicu. Videla som šesťročné deti, ako ženám trhajú vlasy z hláv a mužom fúzy.

Krik a plač boli čoraz hlasnejšie.

Zatvorila som oči, zakryla si uši a utekala domov, ako najrýchlejšie som vládala.

Nakoniec som dorazila.

Všetci v našej budove boli ustarostení. Nikto sa neodvážil vyjsť von.

Zrazu do budovy vtrhli nejakí Ukrajinci a začali vyhadzovať ľudí von, že ich berú do práce.

Stará mama bola chorá. Starý otec a sused vošli do našej izby, zatiaľ čo stará mama zatarasila vchodové dvere skriňou. Bibrowa, naša suseda, sa tiež schovala s nami a svoje deti nechala u susedov. Žien ani detí sa nikto nedotkol, ale všetkých mužov odviedli z budovy. Vrátili sa večer, celí od krvi. Boli prinútení odovzdať všetky cennosti, ktoré mali pri sebe.

Bolo šesť hodín. Pani Piotrowská stále neprišla a nevrátil sa ani otec. Myslela som si, že odišiel za tetou Marysiou. Krik na uliciach neprestával.

Stará mama mi navrhla, aby som si išla ľahnúť, ale ja som sa nevyzliekla. Celú noc som sedela na gauči v mojich šatách.

Na druhý deň ráno, v stredu, niekto zaklopal na dvere. Pretože som si myslela, že je to otec, potešila som sa, ale ukázalo sa, že je to náš sused Wurzl, ktorý nás prišiel varovať, že na Zamarstynowskej ulici opäť zatýkajú ľudí.

O hodinu neskôr zaklopal na dvere niekto ďalší. Bola to pani Piotrowská, ktorá sa konečne ukázala. Prišla po mňa k starej mame a zaviedla ma k tete Marysii, ktorá sa medzitým vrátila domov spolu s dcérami. Obe dievčatá boli blondínky, jedna mala desať a druhá deväť rokov.

Mamuška prišla popoludní. Keď zistila, že otec tam nie je, rozhodla sa ísť k pánovi Rotfeldovi. Zistila, že bol brutálne oslepený a mal zlomené rebrá, ale nedokázala z neho dostať žiadne informácie. Potom išla do domu rodiny rabína Levina, ale tam bola len pani

Levinová. Pani Levinová povedala, že jej manžel odišiel k Szeptyckému a už sa nevrátil – Szeptycki bol patriarchom gréckokatolíckej cirkvi.

Otca sa nám nepodarilo nájsť, takže sme sa začali obávať. Keď sa pán Rotfeld trochu zotavil zo svojich zranení, povedal matke, že ho zbili vo väznici na Lontskej ulici, ale otca tam nevidel. Niektorí naši známi, ktorých v ten pondelok odviezli do väznice na Pelczynskej ulici, povedali matke, že otec nebol ani tam, ani v druhej väznici na Zamarstynowskej ulici.

Matka sa dozvedela, že na ulici Kazimierzowska v Brygidkách bolo zastrelených 200 ľudí. Niektorí ľudia hovorili, že videli otca spolu s rabínom Levinom, ako sa vracajú od Szeptyckých. Iní hovorili, že videli Levinovo telo odhodené pri vchode do jeho domu. Ďalší zase tvrdili, že videli Levinovo telo v Brygidkách, ale nič nebolo isté.

Po týždni som sa vrátila domov k starej mame.

Židia dostali príkaz zaplatiť 200 000 rubľov v dvoch splátkach do dvoch týždňov. Bol zriadený *Judenrat*. Predsedom bol Jozef Parnas, jeho zástupcom Adolf Rotfeld a členov *Judenratu* bolo sedem. Každý, kto mal viac ako štrnásť rokov, musel nosiť pásku na ruke.

Matka bola z nemocnice vykázaná, pretože bola Židovka. Teraz si musela dávať pozor, aby ju nechytili. Keď bol na uliciach pokoj, išli sme do domu jej brata Jerzyho Blumenthala. Teta Sala Blumenthalová vždy pripravovala zemiaky a zeleninu, pretože v jej okolí sa dali ľahšie zohnať.

Niekedy som chodila k Blumenthalovcom so svojou sesternicou Klárou, ktorá mala šestnásť. Klára si dávala pásku dole, keď sme sa blížili k obchodu s rybami, aby sme sa zaradili do radu. Každý týždeň k nám chodila so svojím dvanásťročným bratom Gustakom a otcom. Jej matka zomrela ešte pred vojnou, čo bola pre Gustaka, ktorý svoju matku veľmi miloval, veľká rana. Keď zomrela, rozvinulo sa u neho nervové ochorenie.

V jedno ráno, vo štvrtok 26. júla, sa matka rozhodla ísť k strýkovi Jerzymu. Ulice sa zdali byť pokojné. Vyšli sme z domu. Pri bráne ležal na zemi muž bez topánok, stonal a bol celý od krvi. Zrazu sa k nám priblížili dvaja mladí muži s modro-žltými páskami na rukách a kričali: „Do práce, pani! Dieťa ide naspäť domov!"

Išla som späť do domu a mama do školy Sobieskeho čistiť podlahy. Našťastie si opäť našla prácu, ale mala som o ňu strach. Vrátila sa domov unavená a hladná, ale nebolo čo jesť.

Ani ďalší deň nebol pokojný. Všade chytali ľudí. Prebiehal pogrom, pretože nejaký Žid zabil Ukrajinca Symona Petliura v Paríži. (K jeho zavraždeniu došlo ešte v roku 1926.)

V ten večer niekto zaklopal na dvere. Náš sused stál na rohožke s Gustakom v náručí – bol v bezvedomí a tvár mal opuchnutú a sivú. Položili sme ho, vyzliekli a starali sa o neho, kým sa prebral. Rameno mu krvácalo a celé telo mal fialové od rán, ktoré dostal.

Cestou domov z budovy *Judenratu*, kde pracoval ako kuriér, ho chytila skupina Ukrajincov a spolu s ďalšími ľuďmi ho previezla do väznice Lontski. Tam ho bez zjavného dôvodu bili, až kým sa mu podarilo utiecť.

Ľudí chytali aj v sobotu. V nedeľu bol pokoj.

Išla som sa informovať o Kláre a strýkovi Mundekovi. Našťastie sa zdalo, že sú v bezpečí a zdraví.

Keď som išla za tetou Salou, našla som ju plakať. V piatok počas pogromu chodila nemecká polícia od domu k domu na Staszicovej ulici a pozatýkala všetkých mužov vrátane strýka Jerzyho. Snažila som sa ju utešiť tým, že sa o pár dní vráti, ale domov som odchádzala smutná. Povedala som to matke, ale neinformovala som babku ani dedka.

Matka okamžite zašla do väznice na Lontskej ulici a dozvedela sa, že mužov odviedli z mesta. Prešlo niekoľko dní bez akýchkoľvek správ. Strýko Jerzy sa už nikdy nevrátil.

Keďže matka počula, že doktor Kurzrok sa chystal otvoriť židovskú nemocnicu, išla za ním a bola vymenovaná za riaditeľku novej nemocnice na ulici Alembek. Bola vôbec prvou osobou, ktorá bola vymenovaná.

V budove nemocnice bola pred vojnou škola. Lôžka sem boli prenesené z vyhorenej väznice. Každý deň som matku sprevádzala do práce a večer som ju tam chodila navštevovať.

Jedného dňa prišiel k nám domov stredoškolský učiteľ Profesor P. a oznámil nám, že má správy od otca. Profesor P. bol vysoký a štíhly, mal malé fúzy a čierne vlasy. Chcela som hneď bežať po matku, ale Profesor P. povedal, že máme ísť do domu pani Levinovej na Kollontajskej ulici. Ponáhľala som sa za matkou a spolu sme odišli do domu pani Levinovej.

Keď sme prišli, Profesor P. tam už bol a popíjal vodku spolu s ďalším Židom. Naliali aj matke, ale ona sa nechcela opiť, a tak vodku nenápadne vyliala na zem.

Profesor P. povedal matke, že od arcibiskupa Szeptyckého vie, že otec a rabín Levin sú nažive. Sľúbil, že ak ona a pani Levinová dajú po 3 000 zlotých, dostanú ako dôkaz manželov podpis. Pani Levinová súhlasila a o týždeň neskôr dostala škatuľku cigariet s manželovým podpisom.

Matka však bola opatrná a išla požiadať o radu pána Rotfelda. Ten jej povedal: „Ak je váš manžel vo Ľvove u gestapa, vráti sa k vám. Výbor ho odtiaľ môže vykúpiť. Ale on nie je vo Ľvove a pán Levin nie je nažive, to viem určite."

Matka sa opýtala, či má požiadať, aby jej dali prezývku, ktorou ma otec nazýval. Tú si nemohli vymyslieť, lebo ju nepoznali, a presne to urobila. Odpoveď jej mali priniesť o týždeň neskôr. Prešiel mesiac, ale Profesor P. a ten druhý Žid sa nikdy nevrátili.

Medzitým doktor Kurzrok otvoril druhú nemocnicu na Kursiewiczovej 5, veľmi blízko nášho domu, a matka dostala miesto riaditeľky. Bolo to však pre ňu príliš namáhavé, a tak sa tam namiesto toho stala sekretárkou. Za nového riaditeľa bol vymenovaný pán Labiner.

Matka mala ešte jedného brata, ktorý žil v Niemirowe, mestskej osade neďaleko Rawy Ruskej, mesta hraničiaceho s Ukrajinou. Mal dve dcéry. Lusia mala štrnásť rokov a mladšia, Roma, osem. Strýko bol zubár. Každý týždeň nám posielal balík s potravinami.

Postupne sa mesto Ľvov opäť upokojilo, ale nastali veľké zmeny; na električkových vagónoch bolo v nemčine napísané „Len pre Židov". Bola zriadená aj židovská polícia.

Mamuška chcela, aby som pokračovala v štúdiu. Mala som už desať rokov a chodila som na vyučovanie trikrát do týždňa. Bola nás tam skupina: Cesia Kolin, Alma Zellermaier, Alma Jolles, Kuba Liebes a ja. Každé dva týždne sa miesto nášho štúdia zmenilo. Našou učiteľkou bola pani Wassermanová.

Cesiin otec pracoval na stavbe nejakých kasární na Janowskej ulici. Jedného dňa mu po práci nedovolili ísť domov, a tak musel zostať a spať s ostatnými robotníkmi v kasárňach, ktoré postavili. Prikázali im, aby si sňali pásky na rukách, a prinútili ich nosiť žlté trojuholníky na prednej a zadnej strane odevu. Cesia plakala. Každý deň nosila otcovi balíčky a prestala chodiť do školy.

Nad vchodom do kasární sa objavil nápis: *Zwangsarbeitlager*. Vtedy začali mužov odvážať o do tábora. Podmienky boli veľmi zlé a nemilosrdne ich bili. Ľudia vyzerali ako živé mŕtvoly, ako chodiace kostry.

Blížila sa zima. Doktor Kurzrok zriadil pre väzňov v tábore druhú nemocnicu pre infekčné choroby. Nemocnicu na Alembekovej ulici presťahovali na Kusciewiczovu ulicu. Mamuškina práca bola teraz len pár krokov od domova.

3

ŽIDOVSKÁ ŠTVRŤ

Začali sa akcie proti starým ľuďom. Mamuška vzala babičku a dedka so sebou do práce v nemocnici. Bola tam veľká zima. Začali vyhadzovať ľudí z ich bytov, ak žili mimo židovskej štvrte. Teta Sala teraz žila s nami. Priniesla so sebou trochu uhlia, takže doma bolo teplo.

Doktora Jozefa Parnasa, predsedu *Judenratu*, zatkli, pretože odmietol spolupracovať. Odvliekli ho na Pelczynskú ulicu a popravili. Teraz bol predsedom Rotfeld a jeho podpredsedom Landesberg.

Židia už nesmeli prechádzať pod mostom na Zamarstynowskej ulici. Mohli prejsť len pod mostom na Peltewnej ulici. Boli tam rozmiestnení príslušníci *Schupo* (*Schutzpolizei*) a zatýkali každého, kto sa im nepáčil. Ten most dostal prezývku „Most smrti".

Alma Zellermayerová, ktorá bývala oproti nám, a ja sme boli jediné dievčatá, ktoré zostali v triede. Pani Wassermanová mala sestru, ktorá pracovala v nemocnici, a mohla jej požičať pásku zdravotníckeho pracovníka, aby mohla prísť k nám. Vďaka tomu sme mohli pokračovať vo vzdelávaní.

Vonku bola hrozná zima. V nedeľu matka zvyčajne nepracovala, ale teraz musela spolu s ostatnými zamestnancami nemocnice odpratávať sneh z mestských ulíc.

Doktor Kurzrok a Labiner vypochodovali dopredu; bola tam aj Kurzrokova manželka, veľmi krásna žena. Tí, ktorí neprišli odpratávať sneh, boli vyhodení. Strýko Mundek dostal omrzliny na nohách a Gustak popáleniny druhého stupňa na rukách a nohách, takže bol od snehovej služby oslobodený.

Jakub Hirsch, matkin bratranec, musel opustiť svoj byt. V nedeľu, keď mal odpratávať sneh, bol zaneprázdnený balením, takže nemohol pomôcť. Bol vyhodený. Kým behal po okolí a hľadal si inú prácu, ukradli mu všetky veci a ostal len s oblečením, ktoré mal na sebe. Našťastie si našiel prácu čističa fliaš v spoločnosti Rohstoff, ktorá sa zaoberala recykláciou odpadu.

Bol čas Vianoc a teta Marysia ma pozvala, aby som na nejaký čas zostala u nej doma. Aby som jej neurobila hanbu, išla som k nej na návštevu bez pásky, hoci bol vydaný príkaz, podľa ktorého ju museli nosiť všetci starší ako desať rokov. Návšteva u nej bola príležitosťou najesť sa ako veľmi som chcela a tiež sa hrať.

Domov som sa vrátila až 2. januára, na moje jedenáste narodeniny. Moja rodina sa tešila, že ma vidí. Teta Sala upiekla tortu, strýko Leon mi poslal niekoľko Niemirovových kníh a mamuška mi kúpila tabuľku čokolády. Jedenásteho januára mala mamuška narodeniny. Bola chorá a tak ju oslobodili od snehovej služby. Teta Sala opäť upiekla veľkú tortu a ja som jej ju priniesla do postele, oblečená v bielom pyžame a bielej zástere, tancujúc s tortou v ruke na *Malú kuchárku*.

Strýko Mundek bol vyhodený zo svojho domu spolu so svojimi deťmi Gustakom a Klárou, ako aj so svojou druhou manželkou Renou Blumenthalovou. Všetci prišli bývať k nám. Bývali v jednej z izieb a v kuchyni s dedkom a babkou. V druhej izbe sme bývali ja, mamuška, teta Sala a strýko Hirsch. Mali sme malú pec a teta Sala nám varila.

Byt bol v strašnom neporiadku. Keďže tam nebolo dosť miesta na všetko, niektoré veci sme presťahovali do pivnice. Gustak nemohol vystáť svoju macochu Renu a niekedy sa s ňou hádal. Rena mu na oplátku odmietala variť. Pravdou je, že nikto z nás sa nechcel starať o úbohého chlapca, ktorý bol duševne chorý.

Jedného dňa zobral sestre všetky šaty a predal ich. Klára chápala, prečo to urobil, a nevyčítala mu to. Keď Rena nebola doma, chodil k nám do izby a my sme mu dávali jesť. Jeho sestra ho tiež kŕmila, keď sa nikto nepozeral. Niekedy mal chudák chlapec záchvaty a začal kričať a mlátiť do vecí. Nedalo sa nič robiť. Pre Židov neexistoval Kulparkow, ústav pre psychiatrických pacientov, a keby sme ho vyhlásili za chorého, zastrelili by ho. Po záchvate sa upokojil a ospravedlnil sa.

Začali vyhadzovať ľudí z práce a zároveň vykonávali akcie. Nezamestnaných nahnali do školy pri Podzámčí a odtiaľ ich poslali do koncentračného tábora Belzec.

Ľudia vyhadzovali zo zamestnaní nasledujúcim spôsobom: Každý dostal *Meldekarte* – registračnú kartu od *Arbeitsamtu* alebo židovského úradu práce. Každý človek s prácou mohol mať doma jednu ďalšiu osobu na vedenie domácnosti. *Arbeitsamt* dával pracovníkovi osvedčenie *Haushalt* a pásku pre túto osobu s číslom *Meldekarte* a písmenom A. Každý, kto takúto kartu nemal, bol deportovaný.

Po tom, čo sa strýkovi Hirschovi podarilo získať pre dedka prácu v *Rohstoff* výmenou za peniaze, dostal dedko *Meldekarte* a pásku na ruku. Stará mama mala osvedčenie *Haushalt* od mamušky a starého otca. Klára mala jedno od Gustaka, jej otca a Reny. Teta Sala mala jedno od strýka Hirscha.

Predseda *Judenratu*, pán Rotfeld, ochorel a zomrel. Vedenie výboru prevzal pán Landsberg. Každý týždeň sa do Ľvova prinášali židovské noviny, ktoré vychádzali v Krakove.

Prišla jar a po nej leto. Písal sa rok 1942. Študovala som s Almou a spriatelili sme sa. Mala som ďalšiu priateľku, Steniu Wildmanovú. Všetky tri sme chodili na dlhé prechádzky do Holoseku, malého mestečka neďaleko Ľvova. Chlieb, ktorý nám rodičia dali na raňajky, sme si nechávali a dávali sme ho väzňom z tábora, ktorí museli rozbíjať náhrobné kamene na židovskom cintoríne.

Raz nás zastavil *Askari*, ukrajinský dozorca, pretože videl, ako sme dali chlieb väzňom, a chcel nás odviesť do tábora, pretože to, čo sme urobili, bolo zakázané. Našťastie Stenia priniesla so sebou aj tabak, ktorý dala tomu *Askari*. Tento úplatok prijal a nechal nás ísť.

Židovský výbor nám niekedy posielal balíčky so starostlivosťou. Jedného dňa dostala matka predvolanie z Červeného kríža a išli sme tam spolu.

Ukázalo sa, že pre nás prišiel balík zo Švajčiarska. O nejaký čas neskôr sme dostali balík z Portugalska. Potešili sme sa sardinkám, kondenzovanému mlieku a figám, ale ešte viac tomu, že na nás niekto myslel. O odosielateľovi neboli žiadne informácie.

Jedného dňa mamuška ochorela. Ťažko sa jej dýchalo. Hoci bolo jedenásť hodín v noci a Židia v tom čase nesmeli byť vonku, utekala som do nemocnice. Ukázalo sa, že službukonajúci lekár popíjal s doktorom Kurzrokom, a tak som sa musela vrátiť domov sama.

Ráno som chcela dať mamuške teplomer, ale vypadol mi z rúk a rozbil sa. Keď mamuška hľadala v zásuvke môjho nočného stolíka iný teplomer, zistila, že je plný chleba. Veľmi ju to zarmútilo a dostala som obrovské pokarhanie. Odvtedy som už chlieb väzňom v tábore nedávala.

Od židovskej komunity sa žiadal ďalší poplatok. Tentoraz to bolo sedem miliónov do piatich dní. Matka musela stráviť noc a deň zbieraním peňazí. Niektorí mali obavy, pretože museli platiť. Iní sa tešili, lebo si mysleli, že za to budú mať pokoj.

Po dvoch dňoch zbierania peňazí dostala matka správu od *Judenratu*, v ktorej ju informovali, že jej brat Leon Blumenthal, jeho žena a deti boli poslaní do koncentračného tábora Belzec. Matka pochopila, že im musí zachrániť život, a tak zavolala na *Judenrat*. V ich oblasti bola vykonaná akcia. Stará mama začala plakať.

Matka išla do *Gesundheitskammer* za svojím priateľom Blausteinom, riaditeľom, ktorý sľúbil, že podnikne kroky. Obrátil sa na svojho nemeckého riaditeľa, ktorý zavolal Rawu Rusku, a povedali mu, že nepotrebujú židovského zubára.

Poplatok bol odovzdaný v sobotu. V pondelok o piatej hodine ráno nás zobudili výstrely. Matka okamžite vstala a začala všetkých budiť. Strýko Hirsch išiel hneď do práce a my s matkou, dedkom a babkou sme išli do nemocnice. Gustak išiel do výboru a Rena do továrne Schwarz, zatiaľ čo strýko Mundek, Klára a Sala zostali doma.

4
VEĽKÁ AKCIA V AUGUSTE 1942

Začala sa ďalšia akcia. *Schupo* a **SS** spolu s ukrajinskou políciou chodili od domu k domu. Krik a výkriky bolo počuť až do nemocnice. Ľudia, ktorých príbuzných odvliekli, prichádzali prosiť doktora Kurzroka, aby ich zachránil, čo sa aj snažil urobiť.

Keď sa vrátil, Kurzrok oznámil, že *Arbeitsamt* bol rozpustený a všetky židovské záležitosti bude odteraz riešiť SS. Všetci zamestnaní museli odovzdať svoje *Meldekarten*, aby im opäť dali pečiatku. Každý zamestnanec, ktorého preukaz nebol opečiatkovaný, mal byť vyhodený. Osvedčenia *Haushalt*, ktoré mal človek pracujúci pre armádu, boli v nemocnici opečiatkované nemocničnou pečiatkou. *Meldekarten* sa odovzdávali na opečiatkovanie popoludní, zatiaľ čo nemocničný úrad vydával povolenia potvrdzujúce, že certifikáty boli odovzdané.

Starý otec odovzdal svoje osvedčenie strýkovi Hirschovi. Medzitým mamuška sfalšovala nemocničné povolenie a pán Labiner ho podpísal. Večer sa strýko Hirsch vrátil s podpísaným osvedčením, ale bez dedkovho osvedčenia. Povedal, že dať podpísať dedkove osvedčenie bude stáť 5 000. Matka okamžite súhlasila so zaplatením.

Nastala noc. Ľudia spali na stoličkách a stoloch na nemocničnom úrade. Starý otec a stará mama spali v ošetrovni.

Na druhý deň k nemocnici dorazili nákladné autá. Matka si vyzliekla bielu zásteru a dala ju dedkovi. Zrazu do ošetrovne vtrhli lekári a kričali: „Utekajte! Pokúste sa zachrániť! Nemôžeme vám pomôcť!"

Starý otec a stará mama sa rozbehli ku schodom. Dedko sa však čoskoro vrátil bez zástery. Napísal niekoľko slov na kúsok papiera, vytiahol peňaženku a podal ju spolu s papierom doktorovi Mehrerovi s prosbou, aby ich odovzdal matke. Starej mame sa podarilo dostať do skladu, kde jej niekto strčil do rúk ihlu a niť, aby mohla predstierať, že opravuje matrace.

Nemci vtrhli dovnútra a kričali, aby sme vstali. Keď prehľadávali miestnosť, zbadali mňa a ešte jedno dievčatko. Stála som vedľa matky, ktorá ako jediná nemala zásteru.

„*Komm!*" prikázali a jeden z Nemcov ma udrel drevenou nohou. Mamuška na mňa ukázala so slovami: „To je moje dieťa," ale ignorovali ju. Dievčatko a ja sme opustili budovu. Pracovníci nakladali pacientov na nákladné autá. Jeden z nich spoznal matku a ukázal na ňu so slovami: „Toto je zamestnankyňa nemocnice." Nemec ho udrel a spýtal sa matky, či má certifikát. Matka vytiahla z kabelky osvedčenie z ministerstva zdravotníctva.

Keď Nemci odišli, pani Redilová, pisárka, hodila matke ruky okolo krku a objala ju. Medzitým židovská polícia a zamestnanci nemocnice pokračovali v nakladaní pacientov do áut.

Kým sme boli vonku, Nemci vtrhli do ošetrovne, kde našli starého otca a vzali ho so sebou. Zostal ticho a neprotestoval, svoje posledné želanie odovzdal matke prostredníctvom doktora Mehrera.

Matka bola veľmi nervózna a upokojila sa, až keď sme sa vrátili dovnútra. Keď sme vošli do budovy, doktor Mehrer k nám bez slova pristúpil a odovzdal matke malý balíček. Matka bola presvedčená, že starý otec a stará mama budú v bezpečí, pretože vo vrecku zástery, ktorú dala starému otcovi, boli dve potvrdenia.

Až popoludní, keď balíček otvorila, pochopila, čo sa stalo, a rozplakala sa. Večer, keď sa strýko Hirsch vrátil z práce, priniesol so sebou opečiatkované osvedčenie o registrácii pre starého otca. Žiaľ, prišlo príliš neskoro.

Akcia trvala celý týždeň. V stredu odviedli tetu Salu. V sobotu sa situácia trochu upokojila a v nedeľu sme mohli ísť so starou mamou domov.

Zistili sme, že strýko Mundek strávil celý týždeň za napoly otvorenými dverami kúpeľne a že Klára bola na druhej strane budovy v druhej kúpeľni. Gustak sa schovával v hromade odpadkov. Našťastie boli v bezpečí.

V pondelok sa začala ďalšia akcia. Ľudia spali na matracoch nemocničných postelí. Pracovníčka kuchyne na oddelení, hysterická žena menom Kudyszowa, sa v noci budila a kričala: „Vedľa nemocnice sú autá!" Prvú noc sme sa jej kriku veľmi báli, ale po čase sa nám ho podarilo ignorovať.

Kurzrok priniesol ďalšie podpísané registračné certifikáty. Tentoraz mala jedno aj matka.

Nečakane mi stúpla teplota na 39,8. Matka ma uložila do postele, v ktorej predtým spal pacient. Na druhý deň našla v mojom pyžame dve blchy. Moja teplota neklesla.

Akcia pokračovala. Cez nemocničné okná bolo vidieť náš blok bytov, a keď sa dostali na našu ulicu, mamuška sa pozrela, či neobjavili buď jej brata, alebo Gustaka, alebo Kláru. Všimla si, ako veci rabujú desaťroční chlapci, ktorí cez bránu vynášali šaty, kabáty a topánky. Videla, ako odvádzajú Kláru.

V sobotu sa to opäť utíšilo a v nedeľu sme chceli ísť naspäť domov. Moja teplota stále neklesala.

Počas predchádzajúcej noci sa Kudyszowa opäť zobudila s krikom „Autá sú pri nemocnici", ale nevenovali sme jej pozornosť, pretože sme na to boli zvyknutí. O päť minút neskôr sme však počuli, ako muži na chodbe kričia: „*Heraus, heraus!*" (Vypadnite, vypadnite!).

Matka ma veľmi rýchlo obliekla a o niekoľko minút neskôr nás postavili k nemocničnej stene, zatiaľ čo Nemci kontrolovali všetky registračné potvrdenia.

Babku sme nemohli vidieť. Nebola medzi tými, ktorí boli zoradení pri nemocničnej stene. Keď chcela mama utiecť do ošetrovne, pani Redilová ju zastavila so slovami: „Dcéra je dôležitejšia ako matka."

Potom Nemci začali triediť ľudí. Oddelili doktora Yurima od jeho syna, ale keďže ho nechceli opustiť, on a jeho žena išli spolu so synom dobrovoľne. Matku Yanky Glasgalovej vzali tiež a ona ich nasledovala. Tých, čo zostali, odviedli na nádvorie a vydali rozkazy: „Na zem! Vstaňte!" A napokon: „Do práce!"

V kuchyni začali variť raňajky pre Nemcov. Asi o hodinu neskôr prišiel Landesberg a vyhlásil akciu za ukončenú. Bolo vydané oznámenie, že geto bude uzavreté 7. septembra.

Vrátili sme sa do prázdneho domu, ale fyzicky som sa cítila lepšie.

Na druhý deň nás navštívila teta Reisová, moja teta z otcovej strany, spolu so svojím manželom a spýtala sa, či môže bývať u nás. Za nimi prišiel úradník Brat s manželkou, ktorí mali rovnakú žiadosť. Bol to otcov priateľ z čias, keď obaja pracovali v novinách. Súhlasili sme, že aj pani Redilová a jej matka môžu bývať u nás.

Brat pracoval pre *Wohnungsamt* (bytový úrad) a mal dostať „príkaz" na povolenie na byt v našej budove. Keď bol „príkaz" hotový, prišiel kaderník v sprievode ďalšej osoby s iným „príkazom".

Začali sa hádať. Keďže kaderník bol holičom Ulricha, veliteľa Ľvova, dostal tú miestnosť on.

5
NA ÁRIJSKEJ STRANE

Teta Reis povedala mamuške, že ma dokáže dostať z geta na árijskú stranu. Mamuška sa jej spýtala, ako sa to dá zariadiť a kam presne by ma odviezli. Teta Reis jej oznámila, že Bobak, priateľ brata upratovačky tety Reis, Jozie Twardowskej, ma môže dostať z geta. Bobak pochádzal zo Starého Saczu a mal ma odtiaľ odviezť do svojej dediny.

Ak by som mala správne doklady, všetko by sa dalo vybaviť. Matka pre mňa potrebovala získať falšované doklady a prostredníctvom tety Reis by musela zaplatiť Jozii Twardowskej. Hospodyňa by dala peniaze svojmu bratovi, ktorý by ich v pravidelných splátkach odovzdal Bobakovi. Matka s touto dohodou súhlasila, pretože si dobre uvedomovala, aká budúcnosť by ma čakala v gete.

Aby som získala potrebné papiere, zašla som za tetou Marysiou. Na moje veľké zdesenie mi kategoricky odmietla vystaviť rodný list alebo akékoľvek iné falošné papiere. Bola ochotná mi dať iba školské vysvedčenie z ruských čias, ktoré patrilo Lale, jej mladšej dcére. Nakoniec sa matke nejakým spôsobom podarilo získať falošný rodný list výmenou za peniaze.

Bola som ešte v gete, keď Landesberga spolu s jedenástimi príslušníkmi židovskej polície obesili. Udialo sa to oproti nášmu domu na ulici Jakuba Hermana 15 na rohu Lokaitky, kde sa nachádzalo sídlo *Judenratu*.

Bola veľká neistota, kam ma odvedú. Najprv som strávila niekoľko dní v dome tety Reisovej, kam ma prišla pozrieť mamuška. Podľa tety Reisovej som mala ísť do Starého Saczu – ako bolo dohodnuté, ale Jozia povedala, že cieľom je Rytro, a Bobak rozmýšľal nad Czarny Potok. Takže keď som nakoniec odišla, matka nevedela, kam pôjdem.

Ukázalo sa, že miesto, kam ma odviezli, je Czarny Potok. Ako bolo sľúbené, Bobak ma sprevádzal, ale po tom, čo ma doručil, sa chcel ihneď vrátiť. Nevedela som prečo a on mi to nevysvetlil.

Vo vidieckej dedine Czarny Potok som každé ráno vstávala veľmi skoro a chodila som pozerať zvieratá. Keď jedného dňa utiekla krava, rozbehla som sa za ňou a poranila som si nohu.

Veľmi mi chýbala mamuška, a keď som bola sama, plakala som. Nevedela, kde som. Sľúbila som jej, že hneď ako dorazím na miesto určenia, pošlem jej pohľadnicu. Jednu som naozaj napísala a dala som ju Bobakovi, aby ju vhodil do poštovej schránky na pošte, keď tam bol na pochôdzke. O niekoľko dní po jeho návrate som zistila, že moju pohľadnicu predsa len neposlal.

Počas tohto obdobia matka odo mňa nedostala žiadne správy a pochopiteľne sa veľmi trápila. Teta Reisová s manželom utiekla a Jozia s bratom odmietali hovoriť s matkou, ktorá im nedôverovala.

Matka kvôli obavám a ťaživej neistote ochorela. Okrem toho mala problémy s bytom, s prácou v nemocnici a tiež s bratom Mundekom, ktorý prestal pracovať pre Židovský výbor.

Vďaka niektorým známostiam a plateniu sa matke podarilo získať pre brata prácu na kanalizácii geta. Veliteľom geta bol teraz Nemec menom Mansfeld a robotníci v gete sa volali „Mansfelderovci". Mundek sa teda stal Mansfelderom.

Pani Bronia Bratová, ktorá poznala matkine problémy, prisľúbila pomoc. Podarilo sa jej poslať niekoho známeho, pani Stasiu Magierowskú, aby ma priviedla do Rytra, dediny vzdialenej asi 83 kilometrov juhovýchodne od Krakova. Vo Ľvove bolo príliš nebezpečne.

Brat upratovačky tety Reisovej, Twardowskej, kedysi býval v Rytre a my sme tam Twardowskú raz s Bobakom navštívili. Pani Stasia nejako získala moju adresu v Czarny Potok a išla celú cestu pešo, aby ma našla. Bobak bol veľmi prekvapený.

Do 20. septembra 1942 som sa vrátila do Ľvova, pretože na vidieku so mnou zle zaobchádzali. Dočasne som bývala na árijskej strane u pani Stasie a jej matky na Hoffmanovej 12.

Matka stále pracovala v nemocnici a Gustak stále pracoval ako poslíček pre Židovskú radu, strýko Mundek pracoval na kanalizácii a strýko Hirsch zbieral fľaše mimo geta. Raz do týždňa som chodila za strýkom Hirschom na Kazimierzowskú 21, kde pracoval, a každý týždeň za mnou chodila matka.

Teraz sa povrávalo, že ľudí budú sťahovať do barakov. Tieto správy ľudí veľmi vystrašili. Prosila som matku, aby podnikla kroky na svoju ochranu, a ona s tým začala.

Pani Yadzii Piotrowskej sa podarilo vybaviť matke doklady, že je kresťanka, a mala jej prenajať izbu mimo geta, kde by sa matka pokúsila nájsť prácu ako Poľka. Moja spolužiačka Hela Gangelová sa uchýlila k pani Yadjii, matkinej priateľke. Niekedy sme s Helou chodili na spoločné prechádzky a brávali so sebou deti pani Piotrowskej.

Jedného dňa prišla do domu neznáma žena a požiadala ma o rozhovor. Myslela som si, že ju poslala pani Jadzia. Povedala: „Pracujem pre gestapo. Voláš sa Janina Hescheles a nie Lidia

Wereszczynská. Ak mi do štvrtej hodiny popoludní nedáš päťtisíc zlotých, tak ťa pošlem do Piaski!"[1]

Utekala som k strýkovi, ktorý hneď informoval mamušku, ktorá prišla o štvrtej. Žena sa objavila a mali diskusiu. Matka vedela, že ide o vydieranie, a tak sa dohadovali a žena nakoniec prijala len 100 zlotých.

V gete sa začal proces premeny spacích priestorov na baraky a ľudia sa naozaj báli, čo sa bude diať. Matka ma nechcela vziať späť do geta. Mala som zostať ešte niekoľko dní u matkinej priateľky, pani Stasii Magierowskej, kým matka nenájde inú možnosť. Za týchto neistých okolností nemohla myslieť na vlastnú bezpečnosť.

Nasledujúci utorok prišla do domu neznáma žena a našla ma v kuchyni. Varovala ma pred návštevou gestapa. Matke som okamžite oznámila túto znepokojujúcu správu.

Keďže nebol čas na váhanie, rýchlo ma premiestnili na ulicu Kaspera Boczkowského 11, kde žila známa matky pani Stasie. Volala sa Kordybowa a bola to šesťdesiatnička, ktorá sa snažila vyzerať na 35 a svojho manžela predstavila ako svojho otca. Ráno sa potulovala po Solskom námestí (Čierny trh) a popoludnia trávila hraním kariet.

Medzitým si doktor Kurzrok zriadil táborovú nemocnicu na Janowskej ulici a do geta prichádzal dvakrát týždenne. V ostatné dni ho v nemocnici v gete zastupoval doktor Tadanier, jeho zástupca. Manželka, syn a dcéra doktora Tadaniera boli na árijskej strane.

Ďalšia akcia sa konala v gete, ktoré bolo teraz úplne uzavreté. Židia museli do práce pochodovať v trojčlenných kolónach. Každý oddiel bol jasne označený písmenami W (*Wehrmacht*, armáda) alebo R (*Rüstung*, výzbroj). Registračné potvrdenia už neboli platné. *Judenrat* bol rozpustený a jeho platení zamestnanci boli v Piaski zabití. Do tábora bol presunutý len určitý počet ľudí.

Gustak bol prevezený do tábora a pridelený do sekcie *Reinigung* [upratovačky]. Strýko Hirsch dostal W. Každý deň som za ním utekala. Od neho som sa dozvedela smutnú správu, že teta Reis a jej manžel boli zradení a už nežijú.

Strýko Mundek chytil týfus a nebolo jasné, či ešte žije, pretože pri každej akcii prichádzali do nemocnice nákladné autá, ktoré odvážali pacientov. Rena už bola v kasárňach a nosila písmeno R. Mamuška nemala R ani W, ale nemocnica dostala dve budovy pre svojich zamestnancov, ktoré mohli používať ako kasárne na Szaraniewiczovej 3 a 5.

Akcia sa z veľkej časti skončila. Pokračovala len židovská polícia a ľudia, ktorých chytili, boli prevezení do väznice na Weyssenhofovej ulici 12.[2] Každú druhú sobotu boli väzni prevezení do Piaski a zabití.

Strýkovi Mundekovi sa polepšilo a presunul sa do kasární. Mamuška tiež. Veľmi mi chýbala. Kordybowa ma veľmi bila a bola som tam veľmi nešťastná. Niekedy mi ani nedala nič jesť. Mamuške som to nepovedala, lebo som ju nechcela zarmútiť. Čím som bola nešťastnejšia, tým viac mi chýbala matka. Rozhodla som sa utiecť od Kordybowej a ísť do kasární.

Odkedy bolo geto premenené na kasárne, bolo známe ako *Julag*, *Jüdischer Arbeitslager*, židovský pracovný tábor. Kordybowa zistila, že chcem utiecť, a tak ma zbila. Povedala, že ak mi tak veľmi chýba matka, mala by prísť sem k nám, aby sme mohli byť spolu. Matka váhala, bála sa, že by nám obom mohla ublížiť. Na druhej strane jej ma bolo ľúto a rozhodla sa prísť – povedala mi, že nemá peniaze a že strýko Hirsch za nás zaplatí. Mamuška prišla. Strýko Hirsch mal matkine veci priniesť postupne v priebehu niekoľkých dní, nie naraz. Mal ich priniesť do svojej práce a potom ich mala Kordybowa odtiaľ priniesť k nám.

Vedúcim *Julagu* bol Nemec Grzymek a jeho zástupca sa volal Heinisch. *Judenrat* bol zrušený, ale existoval *Unterkunft* – nemecký administratívny úrad, ktorý riadil *Julag*. Každý deň pred nástupom do práce sa konalo zhromaždenie, na ktorom sa zúčastnili Grzymek a Heinisch. Museli ste si dávať veľký pozor; ak by ste mali pri sebe niečo nápadné, zobrali by vám to a za trest by vás poslali do väznice Weyssenhof alebo do tábora. Keďže Nemci boli rozmiestnení pri hlavnej bráne, strýko Hirsch si každý deň priniesol so sebou len niekoľko predmetov. Každých pár dní som ich chodila zobrať. Strýko mi povedal, že listy W boli rozdané ľuďom v nemocnici a že Kurzrokov zástupca, doktor Tadanier, utiekol, ale neskôr ho chytili a je vo Weyssenhofe so svojou ženou a synom. Pracovníci nemocnice zbierali peniaze na jeho oslobodenie.

---

1. Piaski – „piesky": Mnohí väzni z tábora Janowski boli zastrelení a spálení v Piaski, ktoré susedia s táborom.
2. V súvislosti so správnym písaním tejto ulice existujú nejasnosti: Waisenhof alebo Weyssenhof.

6
ZATKNUTIE

Kordybowa už niekoľko dní nebola na „Čiernom trhu" a chystala sa na nákupy. Vzala si od matky peniaze a odišla. Najprv sa vybrala za strýkom Hirschom. Strýko a niekoľko robotníkov ju požiadali, aby im niečo kúpila, a tak jej dali nejaké peniaze.

Strýko Hirsch a niekoľko ďalších robotníkov išli v ten deň vyzdvihnúť zásielku fliaš. Keď prechádzal cez námestie Smolki, kde sídlilo veliteľstvo *Schutzpolizei*, všimol si Kordybowú, ktorá práve vychádzala z budovy. Nepýtal sa, čo tam robila.

O hodinu neskôr, keď sa vrátil na svoje pracovisko, našiel Kordybowú v slzách. Povedala, že došlo k razii a ona prišla o všetky peniaze, keď sa snažila ujsť. Strýko Hirsch bol veľmi znepokojený; keď si vypočul tento príbeh, vyvolalo to v ňom strach o našu bezpečnosť. Požiadal Kordybowú, aby ma na druhý deň pustila k nemu na návštevu. Išla som za ním a on sa veľmi potešil, veril, že jeho obavy boli neopodstatnené, a nič mi nepovedal. Vrátila som sa domov.

Keď niekto prišiel do Kordybowej bytu, matka sa mala schovať do skrine. Ja sama som bola zaregistrovaná ako Kordybowej neter, sirota.

V utorok Kordybowa vyprázdnila skriňu v inej izbe a povedala, že sa tam má matka ukryť. Vrátila som sa zo stretnutia so strýkom, odložila kabát, išla do druhej izby a sadla som si vedľa matky ku sporáku. Bola som veľmi rada, že som s ňou, a požiadala som ju, aby mi povedala, čo bude robiť v deň, keď sa skončí vojna. Snívali sme nahlas, ale pochybovala som, či sa niektorý z týchto snov môže niekedy uskutočniť.

Zaklopanie na dvere ukončilo naše snívanie. Matka sa rýchlo schovala do skrine a ja som šla do kuchyne. Kordybowa otvorila vchodové dvere a vošli traja policajti zo *Schupo*, pričom jeden z nich zakričal: „Kto tu býva?" Kordybowa ukázala na manžela a mňa. Vošli do izby a prikázali, aby sme rozsvietili svetlá.

Keďže sme v byte nemali elektrinu, chcela som ísť do kuchyne po zápalky. Jeden z policajtov ma chytil, dal mi facku, potom vzal svoju pušku a udrel ma pažbou do chrbta.

Otvorili skriňu, v ktorej Kordybowa chcela skryť matku, a pokračovali v prehliadke. Otvorili aj druhú skriňu, vytiahli Matku a bili ju svojimi puškami.

Potom zakričali po poľsky: „Ruky hore a tvárou k stene," a začali ju prehľadávať. V rukávnikoch jej kabáta našli dve fľaštičky s kyanidom.

Jeden z nich sa opýtal: „Načo to potrebuješ, Židovka?" Nečakajúc na odpoveď, kopol ju. Matka omdlela a spadla. Jeden z nich zakričal: „Domáca pani! Prines vodu. Tvoja Židovka omdlela!"

Potom prehľadali nás aj byt, ale keď v matkinej kabelke našli len 1 500 zlotých, kričali: „Kde sú peniaze?" Neodpovedali sme im a oni nič nenašli.

Prikázali nám zbaliť všetky veci do jedného balíka, obliecť sa a dať si balík na chrbát, a potom nás odviedli na námestie Smolki.

Sedeli sme tam na lavičke asi hodinu. Pýtali sa nás, ako dlho sme bývali v Kordybowej byte na árijskej strane, a čudovali sa, že matka urobila niečo také, keď mala prácu. Matka mi pošepkala, že ak nás pošlú do väzenia vo Weyssenhofe, ešte je šanca niečo urobiť, ale ak nás privedú na gestapo na Pełczyńskej, pošlú nás rovno do Piaski.

O hodinu neskôr nás previezli na ulicu Pełczyńska, zatiaľ čo dvaja policajti kráčali vedľa nás a jeden za nami. Matka si cestou vyčítala, že ma nezobrala späť do geta. Utešovala som ju tým, že ona za to v žiadnom prípade nemôže. Urobila všetko, čo mohla, a bola pripravená sa pre mňa obetovať. Nevedeli sme si predstaviť, že by sme takto skončili kvôli Kordybowej. Vzala som vinu na seba. Matka mohla ísť k Jadzii Piotrowskej, keby so mnou nemala problémy, ale nakoniec sme museli prijať, že to bol náš osud.

Na gestape nás zaviedli do malej miestnosti, v ktorej sedeli traja Nemci. Prikázali nám otočiť sa k stene a zdvihnúť ruky. Tentoraz našťastie nedošlo k bitiu, ale museli sme dlho stáť s rukami nahor. Poliak, ktorý prekladal, zrejme poznal otca a podarilo sa mu zachrániť nás pred väzením na Pełczyńskej.

Hoci vonku bola ľadová zima, v malej miestnosti, kde nás držali, bolo horúco. Pošepkala som matke, že ak budem musieť dlhšie stáť, omdliem. Požiadala ich o povolenie, aby som si mohla sadnúť na podlahu. Dovolili mi to.

O ôsmej hodine prekladateľ a jeden z Nemcov opustili miestnosť a ponúkli mi stoličku. Matka naďalej stála. Zostávajúci dvaja Nemci pred nás položili rádio s programom v angličtine. Ďalší Nemec odišiel a zostávajúci Nemec tiež ponúkol matke stoličku a zdvihol telefón: „*Jüdischer Ordnungsdienst?*" [Židovská domobrana]. Keď matka počula tieto slová, uľavilo sa jej.

O jednej hodine v noci sme boli v *Julagu*. Tam matka uvidela redaktora Brata. Odviedli nás do väznice na Weyssenhofskej ulici a do maličkej cely, v ktorej bolo natlačených asi 60 ľudí – sedeli na sebe, muži, ženy a deti. Keď sme vošli do cely, niekto v rohu poznamenal: „Ďalšie slede na nakladanie." A niekto pri dverách dodal: „Vlastne dva slede!" Matka mi nedovolila ľahnúť si na podlahu, lebo sa jej to hnusilo. Zostali sme stáť jeden deň a jednu noc. Ráno nám ženy z kuchyne priniesli kávu.

Komunita geta platila za jedlo pre väzňov, ale my sme neboli hladné; ani matka, ani ja sme nedokázali nič prehltnúť. V cele bolo dusno od potu a zápachu, hoci bolo 22. februára. V rohu stálo niekoľko deravých vedier, do ktorých si uľavovali muži aj ženy. Kto mal užitočnú známosť alebo zaplatil 100 zlotých, mohol ísť na dvor.

V stredu som sa napila kávy, ale už som nedokázala ďalej stáť na nohách. Hoci mi matka nedovolila ľahnúť si, lebo sa bála, že dostanem vši, povedala som: „Nech mi Boh dá, aby som sa nakazila týfusom, ale pochybujem, že budem mať také šťastie," a ľahla som si. Matka si tiež chcela ľahnúť, ale nebolo tam miesto. Tak si ľahla na moje miesto a ja som si ľahla na ňu.

Ráno nás spočítali a ženy potom premiestnili do cely určenej len pre ženy. V tejto cele bolo asi 100 žien s plačúcimi deťmi a pre nedostatok miesta ležali jedna na druhej. Pán Brat a strýko Hirsch zasiahli v náš prospech u Forschirera a Hasenusa, veliteľov väznice. Výsledkom bolo, že nás premiestnili do inej cely, kde sme sa stretli s doktorom Tadanierom.

Chceli sme byť deportovaní čo najskôr, pretože čakanie bolo mučením. Nakoniec prišiel deň pred našou deportáciou. V piatok vstúpil do cely jeden z veliteľov, Hasenus, vyvolal mená doktora Tadaniera, jeho manželky a syna, vybral niekoľko mladých a pekných dievčat a vzal ich so sebou.

Pochopili sme, že sme stratené. Už som sa nedokázala ovládať a rozplakala som sa. Nebáli sme sa ani tak smrti, ale možnosti, že deti pochovajú zaživa. Niektorí sa modlili, aby ich zasiahla presná strela, iní spievali národnú hymnu *Hatikva* v hebrejčine. Matka sa ma snažila utešiť a sľúbila, že mi zakryje oči, keď začnú strieľať. Upokojila som sa a pridala som sa k spievajúcim.

O tretej hodine ráno vošiel do cely policajt a zavolal matkino meno. Matka išla k dverám. Spýtal sa, či má so sebou dieťa, a obe sme vyšli na chodbu. Forschirer nás čakal a zaviedol nás do cely, do ktorej sa dalo vojsť z nádvoria. Bol tam doktor Tadanier a ostatní, ktorých s ním vyviedol Hasenus. Tu nebolo vedro, pre nedostatok miesta, a na nádvorie nesmel nikto vojsť. Nebolo dovolené hovoriť nahlas, ani kýchnuť si. Stále sme neboli zachránené.

V sobotu o siedmej hodine ráno dorazilo prvé auto. Po tom, ako auto opäť odišlo, otvorili našu celu a v skupinách nás zavreli do pivnice. Teraz a len teraz sme sa mohli považovať za „zachránené". Prišiel Erich Engels, vedúci oddelenia pre židovské záležitosti vo ľvovskom gete, prečítal niekoľko mien, medzi nimi aj naše, a policajt povedal, že pôjdeme prvým transportom. Niekoľko mužov poslali do tábora Janowski.

Evakuácia sa uskutočnila takto: Policajti otvorili všetky cely. *Sonderdienst*, muži špeciálnej služby zloženej z Poliakov, Ukrajincov a Nemcov, ktorých povinnosťou bolo plniť špeciálne úlohy, vstúpili do ciel s výkrikmi: „*Heraus! Heraus!*" a bili väzňov pažbami svojich pušiek. Viac ako 40 väzňov bolo nútených vyliezť na nákladné auto a ležať jeden na druhom, pričom príslušníci *Sonderdienstu* stáli v každom rohu s puškami namierenými na väzňov.

Keď všetky nákladné autá odišli, premiestnili nás do cely a každé dve hodiny oslobodili pár ľudí do *Julagu*.

Keď ma vyviedli von a nadýchala som sa čerstvého vzduchu, mala som pocit, akoby som bola opitá.

7
SPÄŤ DO GETA

V kasárňach *Julagu* na Szaraniewicze 5 som sa dôkladne umyla a obliekla si matkinu spodnú bielizeň. Matka nám zavesila kabáty na vyvetranie, zatiaľ čo pani Bronia nám pripravila obed. Strýko Hirsch sa popoludní vrátil z práce, potešil sa, že nás vidí, a povedal nám, že vo štvrtok za ním prišla Kordybowa a vyžiadala si matkine šaty. Nedokázal sa ovládnuť a vynadal jej.

Večer išla matka do nemocnice a dostala späť svoju prácu. Kúpila si písmeno W a pre nás obe získala očkovacie injekcie proti týfusu. Po tretej injekcii som však dostala horúčku, opuchla mi ruka a bolela ma hlava. Teplota mi neklesla tri dni po sebe, ale matka ma nechcela vziať do nemocnice. Počas piatich dní som mala horúčku a na šiesty deň sa mi objavila vyrážka, jasný príznak choroby. Nemala som silu vstať a musela som byť predsa len odvezená do nemocnice.

Bola to záležitosť „z kaluže do blata". V nemocnici som zostala týždeň v polo bezvedomí a potom prišli evakuovať pacientov. Matka ma obliekla, ale namiesto toho, aby ma odviedla do nákladného auta, vzala ma na ošetrovňu a prikryla bielym laboratórnym plášťom. Kým som bola v nemocnici, pani Tadanierová obsadila posteľ vedľa mňa. Oleś, jej syn, tiež ochorel na týfus, ale trochu sa zotavil a často navštevoval svoju matku. Doktor Tadanier na túto chorobu zomrel.

Matka sedávala pri mojej posteli každý deň asi šesť hodín. Po štyroch dňoch sama dostala horúčku. Keď ju lekár vyšetril, diagnostikoval týfus. Odvtedy ležala vedľa mňa. Po niekoľkých dňoch jej horúčka našťastie klesla.

Matka doteraz nikdy týfus nemala, ale po takom dlhom pobyte na oddelení pre infekčné choroby sa to dalo očakávať. Aj Rena dostala týfus a gangrénu na nohách. Bola nádej, že jej bude treba amputovať len prsty na nohách, ale pri evakuácii ostatných pacientov ju odviezli. Už sme ju nikdy nevideli.

Jednej noci príslušníci *Sonderdienstu* obkľúčili kasárne mansfeldských robotníkov a 50 mužov previezli do Żółkiewa, kde museli kopať zákopy. Asi 40 z nich odviezli do tábora Janowski. Strýko Mundek bol medzi tými 50, ktorých odviedli do Żółkiewa, a tam ho zastrelili. Potom začali „kontraktovať" *Julag*; časť jeho obyvateľov bola zabitá. Nemocnica bola zatvorená a zamestnanci boli sústredení v protiľahlej budove.

V máji som pracovala v nemocničnej záhrade. Boli sme k svojej práci indiferentní, pretože sme vedeli, že nikdy nebudeme zbierať plody svojej práce. Hrala som sa s Oleśom, Maryśkou Marksamerovou a Henrykom Weinerom. Jedného dňa Henryk utiekol z *Julagu* so svojou matkou.

Začali sa prípravy na likvidáciu *Julagu*. Ženy, ktoré pracovali v D.A.W. (*Deutsche Ausrüstungswerke*, továrne, ktoré boli súčasťou Nemeckých zbrojných závodov, divízie SS), boli prepísané na nočné pracovné zmeny. V rámci likvidácie *Julagu* sa mal strýko Hirsch presunúť do tábora Janowski.

Prišiel deň pred likvidáciou geta. Matka mi povedala, aby som išla k tete Marysii. To bolo v pondelok. Z geta som odišla v kolóne robotníkov z Rohstoff o šiestej ráno.

Cestou som z kolóny ušla a utekala som, ako najrýchlejšie som mohla. Išla som k dverám na strane záhrady. Boli zamknuté. Zaklopala som, ale nikto mi neotvoril. Preliezla som zábradlie a zaklopala na okno domu tety Marysie. Cez neho som videla Irku, Lalu a ich matku v posteliach. Teta Marysia čítala noviny. Keď počula, že klopem, pozrela smerom k oknu a zbadala ma, ale znova sa obrátila k novinám a nepohla sa z postele, aby otvorila dvere. Stála som tam ešte niekoľko okamihov, vrátila som sa a znova zaklopala na dvere, ale nikto mi neotvoril.

Potom som sa rozhodla ísť za strýkom Hirschom. Druhý sklad fliaš bol obkľúčený ukrajinskou políciou a strýko mi poradil, aby som utekala späť a cez otvor v plote sa vkradla do *Julagu*. Tak som sa vrátila na miesto, odkiaľ som sa pokúsila utiecť. Uvidela som kolónu ľudí z nočnej zmeny v Schwarz (textilná dielňa), ako sa vracajú do *Julagu*, a vošla som spolu s nimi. O desiatej hodine som už bola v nemocnici. S úsmevom som pozdravila matku. Keď ma Bronia Bratová uvidela, takmer omdlela.

8

ODLÚČENIE OD MATKY

V tú noc matka nemohla spať. V utorok ráno sme chceli ísť do nemocničného útulku, pretože sa zdalo, že sa blíži ďalšia akcia. Skrytý vchod bol cez komín pohyblivého kuchynského sporáka v byte pána Labinera. Popoludní prišiel doktor Kurzrok. Z *Julagu* vyzdvihol svojho otca, jeho sesternicu, pani Adlersbergovú a pána Labinera s manželkou a synom a odišiel s nimi do táborovej nemocnice. Labinerovci potom cestovali ďalej do Krakova. Strýko sa nevrátil z práce, ale nevrátil sa ani po svoje veci do tábora.

Matka ležala v posteli; bola veľmi bledá. Ľahla som si k nej a spýtala som sa: „Prečo si taká smutná? Stále nezačala žiadna akcia." Matka odpovedala: „Pre mňa sa už začala, a hoci mám kyanidové tabletky, moja smrť bude pre mňa veľmi ťažká, kvôli tebe. To, čo bude so mnou, ma netrápi ani minútu." Horlivo sa rozplakala. „Janola, ušetri ma tohto posledného trápenia a odíď, nechcem vedieť, čo s tebou bude, nechcem ťa vidieť vedľa seba! Odíď hneď, ak ma miluješ. Vráť sa k tej žene. Poníženie bude moje, lebo to ja ťa žiadam, aby si k nej išla."

Nechcela som ju poslúchnuť a odvetila som: „Načo žiť? Bez dokladov v žiadnom prípade neprežijem. Matka, chceš predĺžiť moje utrpenie? Nebude lepšie raz a navždy všetko skončiť, objímajúc sa navzájom? Akú cenu má pre mňa život na vlastnú päsť?"

Ale matka ma prosila. „Musíš ísť! Musíš pomstiť mňa a svojho otca."

Odpovedala som: „Vráti ťa pomsta ku mne? Oplatí sa žiť len pre to? Stojí za to toľko sa trápiť? Nebolo by lepšie všetko ukončiť, vedľa teba? Matka, zachránila by si ma pred toľkým utrpením a agóniou, čo ma čaká."

Bojovať s matkou bolo pre mňa ťažké. Nemohla som sa na ňu pozerať, keď plakala; tvár mala celú zvráskavenú, rovnako ako babka. Srdce jej búšilo tak hlasno, až som ho počula.

Nakoniec som sa podvolila a súhlasila som pod podmienkou, že mi matka dá kyanid v prípade nepredvídateľnej udalosti. Odmietla, dala mi na cestu 2 700 zlotých a sprevádzala ma k bráne. Pobozkala ma a oddelili sme sa od pána a pani Bratových.

Matka ma znova pobozkala, a keď som už stála v rade na odchod z geta, pošepkala mi: „Statočne znášaj všetko utrpenie pre moje dobro."

Opäť som išla k tete Marysii. Tentoraz boli dvere otvorené a tak som vošla bez zaklopania. Keď ma teta uvidela, nemohla ma vyhodiť. Dala som jej časť peňazí, aby som mohla zostať u nej.

Likvidácia *Julagu* sa chýlila ku koncu a po piatich dňoch teta už nechcela, aby som u nej zostala. Hľadala som strýka Hirscha, ale v dielni už neboli žiadni Židia. Od árijského strážnika som sa dozvedela, že dielňu prehľadali, našli zbrane a všetkých židovských robotníkov popravili, medzi nimi aj strýka Hirscha.

Vrátila som sa teda k tete Marysii s úmyslom ísť na druhý deň do táborovej nemocnice. Skôr ako som skoro ráno odišla, teta si odo mňa vzala peniaze so slovami, že sa pokúsi pre mňa niečo urobiť. Dala mi dva krajce chleba a dostala som späť 200 zlotých.

Išla som hľadať Kurzroka do nemocnice, ale zdalo sa, že už nie je nažive. Doktor Maksymilian Kurzrok bol vedúcim nemocnice v gete aj v tábore Janowski. Keďže jeho pozícia mu umožňovala voľne sa pohybovať medzi oboma pracoviskami, využil príležitosť a priniesol lieky z geta do tábora.

Akonáhle sa chystala likvidácia geta, jeho úloha „spojky" sa skončila, a tak sa rozhodol utiecť. Mal v úmysle utiecť s manželkou a niekoľkými mladými zamestnancami nemocnice, ktorí sa plánovali pripojiť k poľským a ukrajinským brigádam pracujúcim na obranných opevneniach v Dnepropetrovsku. Keď však boli na železničnej stanici, dvaja informátori, Pecherz a Szwadron, Židia, ktorí pracovali pre gestapo, ho spoznali a udali ich.[1] Zo zamestnancov nemocnice zostalo len sedemnásť ľudí. Kurzrok a jeho kolegovia na úteku boli zavraždení.

Gustak bol zastrelený pri likvidácii jednotky *Reinigung* v tábore. V nemocnici som sa rozprávala s pani Adlersbergovou, ktorá mi poradila, aby som sa nasledujúci deň obrátila na D.A.W.

Nemala som inú možnosť, ako sa vrátiť k tete. Na druhý deň ráno teta našla lístok, na ktorom bolo napísané: „Pani! Zdržiava sa u vás odporný Žid. Dajte nám 20 000 zlotých, inak skončíte v Piaski spolu s týmto odporným človekom."

Zaujímalo ma, kto napísal ten odkaz. Nevidela som nikoho, koho by som poznala, ani cestou do nemocnice, ani cestou späť. Napadlo mi, že list pravdepodobne poslala Helene Nowická, tetina priateľka, na tetinu žiadosť. Helene Nowická, ktorej sa zverovala so všetkými svojimi problémami, bola antisemitka; počas pogromov chodila biť Židov.

Keď som sa s ňou rozlúčila, teta mi sľúbila, že sa bude snažiť pre mňa niečo urobiť – a ak sa jej to nepodarí, vráti peniaze prostredníctvom pani Adlersbergovej.

---

1. Túto informáciu mi poskytla pani Adlersbergová, Kurzrokova príbuzná.

9

V D.A.W. A TÁBORE JANOWSKI

Na Janowskej 117 bol obchod s pletením. Pri vstupnej bráne stál strážnik. Aby som mohla vstúpiť, musela som mu povedať, že som Židovka. Oslovila som židovskú vedúcu dielne, pani Broniu Muszkatovú, a čakala som pol dňa, kým som sa s ňou mohla porozprávať. Potom som na pôde D.A.W. našla pani Redilovú, vedúcu strihacieho oddelenia. Boli tam baraky, v ktorých bývalo 500 žien a v ktorých by som bola v bezpečí viac ako v tábore. Pani Redilová požiadala svojho priateľa, pána Schächtera, aby mi dovolil presťahovať sa do barakov. Je pravda, že ako mladé dievča som na to mala právo, ale poradila mi, aby som to nerobila.

Nakoniec mi našli prácu ako „finišer" v šijacej dielni bývalej Schwarzovej továrne, v kolektíve, ktorý viedli Elza Maro a Hanka Weber. Tu ešte neboli všetky ženy presunuté do ženského tábora, pretože nie všetky baraky boli pripravené, a tak som spala s nimi v dielni.

Dielne sa nachádzali v dlhých chatrčiach so strechami, ktoré zatekali skrz škridle. Šéfom D.A.W. bol Fritz Gebauer, jeho asistentom bol Müller a za „poriadok" boli zodpovední dvaja sadisti, Bajer a Melchior.

Na každé dve dielne pripadol jeden *Aufseher* [vedúci]. Haberowá bola židovská dozorkyňa všetkých šijacích dielní. Bolo tam aj veľa *Zurichter* (zodpovedných za prípravné práce). Každá samostatná dielňa mala svojho riaditeľa: Elza Maro, Hanka Weber, Lusia Münzer, Bronia Muszkat, Cyla Morgentraub, Róża Radil, Grinbaum a Kohn.

Dielňa bola rozdelená do tímov. Každý tím mal svojho vedúceho, dve osoby, ktoré pripravovali materiál na šitie (*Zurichter*), osobu, ktorá žehlila (*Bügler*), dvadsať osôb, ktoré šili pomocou šijacích strojov, a pätnásť asistentov. Hilferding bol vedúcim šijacej časti a Löbel technickej.

Administratívni úradníci a dozorcovia bývali v kasárňach. Tusia, švagriná Bronie, mala na starosti ženy v kasárňach. Kasárne pozostávali zo štyroch drevených budov a v jednej z nich sa nachádzala umyváreň a kuchyňa. V troch chatrčiach s deravými strechami boli štvorposchodové lôžka siahajúce až po strop. Tieto lôžka boli každých deväť radov oddelené uličkou. Na každom lôžku spala len jedna žena. Potraviny sa rozdávali výmenou za *Esskarte* [potravinové poukážky]. Ženy jedávali napoly ležmo, pretože inak by sa hlavou udreli o lôžko nad sebou.

Práca sa začínala o šiestej hodine ráno. Nebola som schopná splniť pracovnú kvótu, ani som nebola schopná sedieť stále na jednom mieste. Bauerowá, naša predáčka, ma občas pokarhala, ale Elza Maro mi nikdy nič nepovedala. Behala som medzi dielňami pod zámienkou, že idem k lekárovi, a prichádzala som do baliacej dielne k Maksovi Boruchoviczovi.[1]

O dva týždne neskôr nás previezli do *Frauenlageru* [ženského tábora]. V tábore som patrila k privilegovaným. Zoznámila som sa s Akserom, ktorý pracoval v administratívnom úrade tábora a riadil ilegálnu sieť pomoci.

Vďaka nemu som bola preložená do *Wäscherei* [chatrč práčovní], ktorá bola čistejšia a nie taká preplnená. Stretla som Orlanda a nemusela som stáť v rade na polievku. Neskôr som vďaka Akserovi mohla obedovať spolu s pracovníčkami z práčovne. Dostali sme voľno v sobotňajšie popoludnia a ráno sa ženy vždy osprchovali. Pŕacovníčky práčovne mali voľno v nedeľu.

Elza Maro ma uvoľňovala z dielne a ja som chodila do kancelárie tábora, k Bronekovi Jakubowiczovi.[2] Niekedy sa objavili Ilian, Grün,[3] Fränkel,[4] Kleinmann[5] a Herman s harmonikou a dve hodiny sme sa zabávali. O šiestej sa k nám pridávala Franka Steinová z baraku a spievala.

V D.A.W. bola aj „árijská" dielňa. Árijskí robotníci prišli ráno, na poludnie mali prestávku a o šiestej večer sa vrátili domov. Bola medzi nimi aj Stasia Magierowska.

V ženskom tábore sme vstávali vždy o 3:30 ráno, o 4:00 sme opustili náš priestor a pochodovali sme v skupinách po piatich smerom k mužskému táboru. Pri bráne prehliadkového areálu mužského tábora stál kôš s chlebom. Kuchárka dala žene na konci každej skupiny päť krajcov chleba a tá ich potom rozdelila.

Na poriadok dohliadali sanitár (*Ordner*) a táborový policajt (*Lagerpolizist*). Ak sa niekto tlačil, zbičovali ho. Potom rozdali kávu, ale aby človek nejakú dostal, musel použiť silu. Väčšina žien sa tejto kávy zriekala; bola teplá, ale veľmi horká. Do piatej hodiny sme sa mohli rozprávať s mužmi. Potom táborová polícia rozháňala skupinky a prikázala nám, aby sme sa opäť postavili do skupín po piatich podľa našich oddielov.

V každej kolóne bolo 100 väzňov. Velitelia nás najprv spočítali a potom sa postavili pred svoje kolóny. Začal sa nástup. Warzok, veliteľ tábora (ktorý dostal túto funkciu po tom, čo Wilhausa poslali na front), chodil medzi kolónami a vydával rozkazy: „Pozor – stáť! Pokoj – stáť! Na zem! Vstať! Plaziť sa! Vyskočiť!" Táborová polícia dohliadala, aby sa rozkazy dôsledne dodržiavali. Potom začal hrať orchester a kolóny jedna za druhou vypochodovali z prehliadkového areálu.

Najprv išli tí, čo pracovali v meste, potom kolóny žien, ktoré pracovali v D.A.W., a po nich muži z D.A.W. Keď sme prechádzali okolo bezpečnostnej búdy (*Kontrolstube*), vedúci kolón podávali hlásenia a Akser ich zapisoval. Tu čakal doktor Biber, ako aj nemeckí strážcovia (*Wachmänner*). O niečo ďalej sa zhromaždili ukrajinskí strážcovia na svoj nástup. Oproti strážnej búde opäť hral orchester.

Pochodovali sme pozdĺž múru, prechádzajúc okolo „bunkra" priliehajúceho k hlavnej bráne. Cez mrežu na nás závistlivo hľadeli deti a dospelí (ktorých chytili na árijskej strane a držali ich tu). Potom sme vchádzali do oblasti D.A.W. Tu by Kurzer, Nemec, dostal písomné hlásenie. Potom tu bol Melchior, ktorý zabavil všetko, čo človek niesol so sebou, okrem jedálenskej plechovky a krajca chleba. Pochodovali sme okolo domu Gebauera, ktorý stál pred bránou spolu s nemeckými dozorcami.

Potom sa začali preteky o splnenie kvót: každý človek so strojom musel ušiť štyri páry nohavíc, búnd alebo kabátov. Pomocníci museli prácu dokončiť pridaním gombíkov a gombíkových dierok. Ak sme prácu neurobili do šiestej, pokračovala až do ôsmej a na druhý deň bola celá skupina poslaná na špinavú alebo ťažkú manuálnu prácu, ako napríklad čistenie latrín alebo nosenie tehál.

Niekedy nebolo čo robiť. Držali sme niečo v rukách, len aby sme vyvolali dojem, že pracujeme. Jeden a pol hodiny trvajúca poludňajšia prestávka sa začínala o 12:30. Ženy, ktoré bývali v barakoch, sa vracali, aby si dali dobrú polievku, často s jačmeňom alebo zemiakmi. My sme sa však museli vrátiť do tábora. Kto zostal v dielni, bol potrestaný dvadsiatimi piatimi ranami bičom.

Zoradili sme sa do kolón, čo trvalo asi pol hodiny. Dvaja policajti a dvaja sanitári nás potom sprevádzali späť do tábora. Na kontrolnom stanovišti nás Striks spočítal. Na pochodisku boli pripravené dva veľké hrnce a dvaja mladí chlapci rozdeľovali naberačkou polievku. Kto mal „ochranu", dostal hustejšiu polievku. V polievke boli niekedy dva kúsky zemiaku, trochu ovsa a na povrchu plávali listy kalerábu alebo mrkva. Orland, hlavný dozorca, s bičom v ruke dohliadal na to, aby nikto nedostal dve porcie.

Potom sme sa so všetkými ostatnými kolónami postavili do radu pri vchode do jedálne. Kolóny jedna po druhej vošli dovnútra, aby sa najedli. O päť minút neskôr sme už vyšli von a prišli k bráne D.A.W. Tu sme čakali, keďže brána sa otvárala až o druhej hodine. Opäť sme pracovali z donútenia, so šatami premočenými od potu. O šiestej hodine sa práca skončila a vo vnútri D.A.W. bol nástup.

Vyčerpaní sme sa vliekli do tábora, zatiaľ čo vonku hral orchester. Deti strážnikov počúvali. *Askari* hrali futbal na vlastnom štadióne. Išli sme do umyvárne; väčšina žien sem chodila za známymi alebo si niečo kúpiť. Boli tu kamenné žľaby a kanály a nad nimi rúry s tečúcou studenou vodou. Po stranách boli kohútiky. Museli ste mať „ochranu", aby ste dostali lavór. Muži sa umývali po nás.

Po Orlandovom zapískaní sme sa postavili do kolón a išli sme do ženského tábora. Potom prišli na rad muži, aby sa umyli. Vo *Frauenlageri* rozdávali polievku alebo krajec chleba s teplou tekutinou, ktorá sa volala *Lorke* (horká rastlinná káva). Orland už nebol prítomný. Bebi (židovský vedúci ženského tábora) kričal, sanitárky nás bili, ale snahy o nastolenie poriadku boli bezvýsledné.

V pondelok rozdávali lyžicu kyslej repy, sladenej sacharínom, a veľmi zriedkavo s „medovým maslom" alebo s pokazeným syrom. O deviatej hodine sa zhasínalo, ale pokoj bol až o desiatej. Každú noc vykonával kontrolu iný dozorca (*Wachmann*) a službu mali dvaja sanitári. Tí nespali. Ráno zobudili ženy vo všetkých chatrčiach. Počas dňa sanitári čistili umyváreň a latríny.

Prvý mesiac v tábore bol hrozný. Každý deň, keď sme sa vrátili z práce, sme pri našej latríne našli zastrelené deti a ľudí z *Julagu* a bunkrov. Nútili ich vyzliecť sa, zložiť si šaty a zoradiť ich na hromadu. Delegácia zo ženského tábora žiadala, aby sa miesto popravy presunulo. Bolo premiestnené do zadnej časti kuchyne. Tam telá ležali niekoľko dní, kým ich bolo dosť, a potom ich ľudia z „brigády smrti" odviezli na spálenie do pieskovísk v Piaski.

Brigádu smrti tvorili silní muži, ktorých vyberali z tých, ktorí boli určení na popravu. Každú chvíľu ich vymieňali. Boli od nás oddelení, ale videli sme ich z diaľky, keď pracovali. V Piaski mali svoju vlastnú chatrč. Na každom kroku ich sprevádzal Nemec, príslušník SD (*Sicherheitsdienst*, Bezpečnostná služba). Z masových hrobov vyberali telá ľudí, ktorí boli zabití v auguste 1942, aby zničili dôkaz, že to bolo miesto masových popráv. Oblečenie odsúdených väzňov bolo uložené v skladoch.

Matkin známy, doktor Tanne, pracoval na klinike D.A.W. Pracoval spolu s matkou v nemocnici na Dwernického ulici pod Rusmi a v nemocnici v gete na Kuszeviczovej ulici pod Nemcami. Bol spolu s matkou a s redaktorom Bratom a jeho ženou Broniou v bunkri u Labinerovcov. Spoločne čakali na popravu vo *Frauenlageri*, keď sa Orlandovi podarilo zachrániť ho. Od žien v práčovni som sa dozvedela, že ženy, ktoré mali kyanidové tabletky, si ľahli do kruhu a otrávili sa.

Druhý mesiac prebehol pokojne. Každý piatok alebo sobotu sme chodili do kúpeľov na Szpitalnej ulici. Cesta tam nebola príjemná. Keď sme prechádzali mestom, okoloidúci a deti sa na nás pozerali. Nechceli sme, aby si všimli náš žalostný stav, a tak sme si spievali veselé pochodové piesne.

V sobotu popoludní sme boli voľné. Aby sme sa trochu zabavili, organizovali sme „večerné zábavy", ale hrozná realita nás nikdy neopustila a piesne a básne, ktoré sme recitovali, hovorili samé za seba.

Pri práci bolo strašne horúco a v noci nám blchy a stiesňujúce teplo nedali spať.

Po deviatej hodine večer bolo zakázané byť vonku, ale odvážnejšie ženy napriek tomu vychádzali von. Aj ja som často vychádzala za chatrč a tam sme spievali a recitovali básne. Počas takýchto nocí mi hlavou prechádzalo veľa myšlienok a skladala som básne, ktoré sa nerýmovali.

Z pieskovísk v Piaski, ktoré sa nachádzali oproti nám, vyskakovali uhlíky z horiacich tiel. Vo vzduchu visel nepríjemný zápach. Túžila som po matke, ale neplakala som. Závidela som jej, že sa pre ňu všetko skončilo. Pozrela som sa smerom k ohňu, v ktorom aj teraz možno horela. Vedela som, že aj ja tam budem spopolnená... Takéto myšlienky boli čoraz menej časté. Chcela som stráviť posledné chvíle smiechom, ale náš smiech bol umelý.

Každá druhá žena mala svrab, svrbiacu kožnú infekciu. Najskôr sa to dalo liečiť v nemocnici, ale neskôr boli ľudia odvážaní do Piaski spolu s tými, ktorí boli v „chládku" (samoväzbe) a boli chytení na árijskej strane. Odvážali tam aj väzňov z nemocnice. Niet divu, že sa ženy báli požiadať o pomoc. Nemocnica sa nachádzala na Janowskej 138 a bolo možné sa do nej dostať len z ulice v sprievode *Askari*.

Prišiel čas, keď som sa už nemohla voľne pohybovať v *Gelände*, otvorenom priestore v D.A.W., v ktorom sa nachádzal mužský tábor. Uprostred tohto otvoreného priestoru stála lavica, na ktorej bili väzňov.

Vydávali sa *Scheisskarte*, povolenia na používanie záchodov. Ak niekoho prichytili bez neho, dostal dvadsaťpäť rán bičom. Pre každú skupinu boli tri *Scheisskarte*, jedna pre každých pätnásť pracovníkov pri „dokončovaní", jedna pre každých dvadsať, ktorí pracovali na šijacích strojoch, a tretia pre *Brigadiera* (majstra), *Zurichtera* (návrhára) a *Büglera* (žehliča). Na miesto v rade na *Scheisskarte* sme sa zapisovali pred majstrom. Pred latrínou stál *Ordner* a dával pozor, aby nikto bez *Scheisskarte* nevstúpil. Povolenie som si už nemohla vziať zo skupiny, pretože by to spôsobilo nepríjemnosti mojim kolegom, keďže som kartu často používala na oddych od práce. Nakoniec mi predák, ktorého som poznala, daroval *Scheisskarte* ako darček.

---

1. Michal Borwicz (Maksimilian Boruchovicz, pseudonym Ilian), inicioval kultúrnu činnosť v tábore a bol v kontakte s poľským podzemím – Radou pre pomoc Židom (Zegota).
2. Bronek Jakubowicz pracoval v *Unterkunft*, bol súčasťou siete pomoci a v kontakte s poľským podzemím mimo tábora.
3. Yerachmiel Grün, básnik, ktorý písal v jazyku jidiš, bol neskôr v tábore zabitý.
4. David Fränkel, novinár, militantný socialista a člen Hašomer hatzair, bol tiež neskôr zabitý v tábore.
5. Perec Kleinmann, maliar a dekoratér, bol tiež neskôr zabitý v tábore. Grün a Kleinmann boli celebritami v jidiš divadle vo Ľvove.

10

OBESENIE

Pred bránou neboli žiadni Nemci. Kurzer sa na nás pozrel s pochmúrnym výrazom a my sme vytušili, že sa stane niečo zlé. Pracovný poriadok (*Werkordner*) nám nedovolil vstúpiť do dielní a všetci Nemci boli umiestnení so *Scheisskarte* uprostred *Gelände*. Boli sme znepokojení, báli sme sa, že dôjde k „selekcii", ale namiesto toho Nemec Reryk priviazal laná k jednému zo stĺpov verejného osvetlenia. Pochopili sme, že niekto z nočnej zmeny bude obesený.

Väzni zorganizovali oslavu a všetci pili. Muž, ktorý mal byť zabitý, mal pri sebe pištoľ a keď bol opitý, použil ju. Bola som celá nervózna a spanikárená, ale keď sa ukázalo, že pôjde o popravu, upokojila som sa. Pozerala som sa na muža, ktorý sa vyzliekal. Raz som ho videla predávať mydlo a kúsok som si od neho kúpila.

Teraz mu Nemec Melchior vysvetľoval, ako si má navliecť slučku povrazu cez krk. Bol pokojný, akoby išlo o peniaze alebo mydlo. Vyšplhal sa na rampu, na sebe mal len spodnú bielizeň.

Jeho nonšalantnosť mi pripadala zarážajúca. Nemohla som sa pozerať na to, ako si pokojne navlieka slučku na krk, a tak som opustila rad, ale *Ordner* mi prikázal, aby som sa vrátila na svoje miesto. Prešla som naspäť a pozrela na odsúdenca. Už visel, jeho telo sa zmietalo v kŕčoch. Opäť som pocítila rozrušenie, ale nie zo súcitu s mužom, ani z inscenovanej popravy, ani zo strachu zo smrti.

Poprava len obnovila vedomie, ktoré sa nedalo len tak ľahko odmietnuť, vedomie skutočnosti, ktorú som nemohla prijať. Bolo to po prvýkrát, čo som bola svedkom popravy. Naposledy som sa bála na odsúdeného čo i len pozrieť.

Ešte stále som spávala v dielni. Často som chodila do ženského tábora za Lucy Hasenusovou, ktorá bola v tom čase sanitárkou. V ženskom tábore sedeli ľudia z *Julagu*. Ženy im dávali chlieb.

O siedmej hodine prišiel na inšpekciu Nemec Siller. Prechádzal okolo chatrčí a pozeral sa na distribúciu kávy. Odišla som z baraku na latrínu. Cestou na latrínu som videla, že ľudia sa vyzliekajú. Bála som sa vrátiť a bála som sa pokračovať. Zavrela som oči, takmer som prestala dýchať a začala som bežať k latríne. Bála som sa vrátiť, a tak som zostala na mieste. Niekedy sa človek musel o miesto pohádať. Tentoraz to nebolo inak. Nejaká žena do mňa strčila a ja som takmer spadla do jednej z latrín.

Potom sa znenazdajky ozvali výstrely a všetko utíchlo. Dve ženy plakali. Jedna z nich mala v kasárňach syna, druhá sestru. Roztriasla som sa, nedokázala som sa ovládať. Ostatné ženy neboli tak blízko ako ja, ale videli všetko. Nemali taký strach ako ja. Nemohla som jesť ani spať. Lucy ma utešovala: „Nedá sa nič robiť, skončíš rovnako. Keď sa presťahuješ do ženského tábora, zvykneš si na to, že vidíš takéto veci."

Po tom obesení som sa už nebála smrti, ani cudzej, ani svojej, ale v žiadnom prípade som sa s ňou nedokázala zmieriť. Veľmi som chcela žiť – žiť za každú cenu. Cítila som, že niečo vo mne volá: „Ži! Ži!" Nemala som silu vzoprieť sa tomu, ani to umlčať.

Spomenula som si, že raz v nedeľu v Jakubowiczi sa niekto spýtal, prečo Židia nerobili žiadne statočné činy. Kleinmann odpovedal: „Nebol to akt odvahy, keď dievčatá išli do Piaski so spevom, bez plaču a kriku?" Považovala som to za neprijateľné. Znamenalo to poddať sa smrti, so zhovievavosťou a prijatím, ako človek, ktorého obesili. Je toto odvaha? Musím byť takouto hrdinkou? Nie! Chcem žiť! Je lepšie žalovať, postiť sa, len aby som žila, lebo milujem život. Ak pôjdem do Piaski, tak len preto, aby som žila. Nebudem sa snažiť utiecť, ale budem sa brániť vrahom! Nebudem sa vyzliekať!

Jedného dňa ku mne pristúpila Stasia Magierowská. Povedala mi, že mi môže pomôcť utiecť. Potrebovala som získať pasovú fotografiu. Ona a pani Adamská by ju potom poslali do Varšavy a do týždňa by som získala *Kennkarte*, preukaz potvrdzujúci, že som Árijka, takže by som mohla cestovať do Varšavy s istou ženou z Brzuchoviec. Flaschner, vedúci dielne, ma tajne odfotil. Radila som sa s Bumekom Wahrmanom[1] z podzemia, ktorý mal kontaktovať Magierowskú.

Podľa Magierowskej to bola ponuka z výboru, ktorý sa zaoberal pomocou ľuďom pri úteku. Všimla som si, že Magierowskú často sprevádzalo dievča, Frania Tadelová. Opýtala som sa Franii na Magierowskú a Frania mala o nej vysokú mienku. Pochopila som, že obe ženy urobili Franii rovnaký návrh. Spýtala som sa na to Franii a ona bola prekvapená, že o tom viem. Vysvetlila som jej, že som dostala podobnú ponuku, ale že som im neverila.

Prišiel deň plánovaného úteku z tábora a tie dve ženy zrazu požadovali, aby im každá z nás zaplatila 5 000 zlotých. Obe sme odmietli, ale tvárili sme sa, že sa navzájom nepoznáme. Cena klesla na 2 000 zlotých. Opäť sme odmietli.

Zdalo sa, že Adamská a Magierowská sú pripravené uspokojiť sa s hotovosťou, ktorú Nemci platili za nahlásenie Židov. Platba v hotovosti od nás neprichádzala do úvahy. Obe ženy nám zrejme chceli urobiť to isté, čo urobili spoluväzenkyni Hilde z tábora – ponúkli jej únikovú cestu a potom ju nahlásili.

Začalo byť chladno. S koncom leta sa zhoršovala aj naša nálada. Už som nemala trpezlivosť písať básne. Už sme si nespievali. Atmosféra sa zmenila. Každý deň sa stala nejaká príhoda. Každý deň niekoho zastrelili, zavraždili. Shächter, Haberowa, Hilferding a Löbel – štyri židovské hlavy D.A.W. – utiekli a vzali si peniaze, ktoré si u nich ľudia uložili do úschovy. Shächter nechal v kasárňach D.A.W. svoju matku, starú ženu. Dovtedy ju Nemci tolerovali. Teraz, po Shächterovom úteku, jej Gebauer prikázal rozbíjať kamene a poveril dvoch sanitárov, aby sa postarali o to, že neužije jed. Ak by to urobila, dal by ich obesiť. Gebauer ju potom vlastnými rukami zaškrtil.

Árijská dielňa už nefungovala a pracovníci boli poslaní do práce mimo tábora. Franii sa podarilo utiecť a dala mi svoju adresu. Ďalší dvaja ľudia z *Unterkunft* utiekli a báli sme sa trestných akcií.

Rozhodla som sa utiecť aj ja. Nemalo zmysel váhať, pretože nebolo čo stratiť.

Na druhý deň napoludnie som sa s malou skupinou ľudí vybrala do nemocnice. Ukrajinský strážnik otvoril dvere a všetci vošli. Bola som posledná v skupine, ale namiesto toho, aby som skrátka vošla, razila som si cestu vpred!

Na stanici som nastúpila do električky. Napadlo mi veľa možností – akoby som bola opitá. Takmer som podľahla mimoriadnej únave, ale zo všetkých síl som sa snažila nezaspať. Na Berndyńského námestí som išla rovno k Jadzii Piotrowskej, kde mi otvorila Hela Gangel. Pani Piotrowská ešte nebola doma, tak som sa medzitým rozprávala s Helou.

Keď sa Jadzia Piotrowská vrátila, nemohla uveriť, že som prichádzala z tábora. Myslela si, že stále bývam u Magierowskej a že matka odišla. Bola prekvapená, že sme nezostali v kontakte.

Žiaľ, Jadzia mi už nemohla pomôcť. Vydierači jej už zaklopali na dvere kvôli Hele a ona bola nútená požiadať ju, aby sa vrátila k rodičom. Jadzia sa však pokúsila nájsť riešenie a išla hľadať miesto, kde by som mohla bývať, ale vrátila sa s prázdnymi rukami. Medzitým som podľahla únave a zaspala som sediac na stoličke.

Musela som ísť, a tak som od Jadziinho domu odišla ešte v polospánku. Povedala, že ak nebudem môcť zostať u tety, možno sa ešte raz skúsi popýtať v mojom mene. Išla som na Liczakowského ulicu, pričom mi bolo jedno, ako teta zareaguje na môj príchod. Bola som pripravená položiť život za možnosť prespať dva dni a dve noci.

Ocitla som sa pred domom s číslom 74, ale keď som zaklopala na vchodové dvere, zvnútra nebolo nič počuť. Zaklopala som znova a otočila kľučkou. Dvere neboli zamknuté. Lalu som našla v posteli v jej izbe a z kuchyne bolo počuť hlasy. Spýtala som sa Laly, či je doma niekto okrem tety a Irky, a požiadala som ju, aby zavolala matku. Lala sa o chvíľu vrátila, ale nie s matkou, ale s Nowickou. Ukázala na dvere a vyštekla: „Okamžite vypadni!"

Očakávala som, že ma neprijmú ľahko, ale nie niečo takéto. S námahou som sa dovliekla k električke. Stála som blízko východu a vtedy som uvidela Heinena, esesáka a jedného zo sadistov tábora, s ďalším Nemcom. Neboli na ceste, keď som zostupovala z električky. Chcela som vojsť do nemocnice, ale vtedy sa na chodníku pri bráne objavil Heinen. Utekala som a vošla som cez bránu D.A.W.

Šichman, židovský sanitár, sa ma spýtal, odkiaľ som prišla, ale potom sa zasmial a povedal: „Utiekla si? Na tom nezáleží, choď hneď do práce." Zaznel gong a ja som sa vydala rovno na miesto zhromažďovania skupiny.

V tábore bol *Unterkunft* rozpustený kvôli tým dvom, ktorí utiekli. Nasledujúcu noc boli všetci zamestnanci *Unterkunft* presunutí do barakov. Ďalších dvoch, ktorých chytili na úteku, obesili za umyvárňou. Ulricha Jakubowicza, ako aj mechanika a šoféra zavreli do „chládku".

Bol to veľmi smutný deň v tábore. Okrem toho k všeobecnej skľúčenosti prispeli aj blížiace sa židovské sviatky a židovský Nový rok. Ja sama som bola natoľko skľúčená, že všeobecný poplach a panika ma nezasiahli. Chápala som, prečo všetci s ľahostajnosťou podľahli smrti. Nechcela som žiť, mala som života plné zuby. Ženy chodili naokolo celé rozrušené a plakali. Olga, sanitárka, tiež plakala. Ala išla do kasární.

Hneď som si ľahla na lôžko a bola som šťastná, že sa mi aspoň čiastočne splnilo želanie spať v pohodlí. Bola som vyčerpaná po neúspešnom pokuse o útek.

Po nejakom čase ma zobudil Bebi, ktorý prišiel na inšpekciu. „Janka, spíš sama?"

„Len dnes v noci."

Keď Bebi odišiel, na moje lôžko okamžite vyliezla ďalšia žena. Spýtala som sa jej prečo, na čo mi odpovedala, že ju sem poslal Bebi.

„Ale prečo? Doteraz si spala v baraku číslo 5."

Odpovedala: „Do toho ťa nič nie je. Budem spať tu a hotovo!"

Hodila svoj vak s vecami na lôžko a začala sa vyzliekať. Zrazu mi niečo spadlo na ruku z jej vlasov, ktoré mala ostrihané nakrátko ako muž. Znechutene som sa na ňu pozrela. Usmiala sa na mňa a povedala, že je zázrak, že mám čistú hlavu – veď sme boli v tábore.

Odvetila som: „Nepreskúmala si mi hlavu, ale keby si si namiesto cucania cukríkov kúpila Cuprex, prípravok proti všiam, tak ako ja, aj ty by si bola bez vší." Pozbierala som svoje a Aline veci, položila som ich na Olginu posteľ a vyšla som z chaty.

Vonku bola zima a tma, ale nič z toho som necítila. Zabudla som na Árijskú štvrť aj na popravu. Veľmi som sa na Bebiho hnevala, ale nemohla som nič robiť. Táto žena zdieľala lôžko so snúbenicou táborového policajta, ktorá s ňou nechcela zdieľať lôžko, a tak Bebi zorganizoval presun. Ja som napoly spala a nebojovala som o svoje miesto, takže to bola vlastne moja chyba. Ale nechcela som s ňou spať. Svetlo v chate už bolo zhasnuté. Začala som sa triasť, tak som sa vrátila dovnútra a ľahla si na lôžko Lucy, ktorá sa ešte nevrátila z kuchyne.

Ženy robili hluk a Olga, *Ordner*, na ne kričala. Dnes bola obzvlášť podráždená, pretože bola nútená zastúpiť aj Lilku, sanitárku, ktorá bola chorá.

Lucy sa vrátila, keď všetko utíchlo a väčšina žien spala. Olga vstala, pristúpila k nám a Lucy nám šeptom oznámila novinky. Od zajtra budú všetci z *Unterkunftu* premiestnení do chatrčí, vrátane Orlanda a jeho ženy a Ryszarda, *Aksera*. Už nebudú žiadne sprchy. Lilkin táborový policajt plánoval utiecť spolu s ňou. Podľa Lucy sa Lilke podarilo podplatiť jedného z *Askaris*, takže nezasiahol, keď kopali tunel pod jeho strážnou vežou. Policajt však utiekol sám.

Keď dohovorila, Lucy mi pošepkala: „Ak máš známych, radím ti, aby si zajtra utiekla." Začala som sa smiať, keď som si spomenula na svoje dnešné eskapády na árijskej strane. Lucy sa môjmu smiechu čudovala.

Bez slova som jej ukázala svoju knihu lístkov na električky, v ktorej bolo ešte osem nepoužitých – pamiatka na moje dobrodružstvá.

Lucy sa rozplakala a ja som ju chcela utešiť, ale ako? Presne som chápala, ako sa cíti. Bola teraz v ťažkom štádiu, ktorým som ja už prešla: boj vo svojom vnútri, s vnútorným hlasom, ktorý mi hovoril, aby som žila. Po návrate od tety tento hlas zmĺkol.

Bola som zmierená so svojím osudom a stala som sa živou mŕtvolou, takže len ja som mala odvahu vyjsť na Árijskú stranu, kým Lucy sa toho bála. Chápala som ju. Kedysi bola mimo Ľvova v prestrojení za snúbenicu majiteľa farmy, ale nejaký priateľ ju udal. Strávila štyri mesiace vo väzení na ulici Łącki a Risiek, *Akser*, ju zachránil pred Piaski. Nemala kam ísť, takže ak by vyšla von, mohla očakávať istú smrť. Preto bolo lepšie, keď zostala v tábore, s Ryszkom, s Olgou, so všetkými. Hladila som ju po čiernych kučerách a snažila som sa ju utešiť, ale nevedela som, čo povedať. Sama som potrebovala útechu.

---

1. Bumek (Abraham) Wahrman, člen hnutia Hašomer hatzair a aktívny v ilegálnej práci v gete vo Ľvove a v tábore Janowski, získal pištole od talianskych vojakov. Z tábora utiekol, ale bol chytený a zastrelený na árijskej strane.

11

ROŠ HAŠANA A JOM KIPUR V TÁBORE – ÚTEK

Nasledujúci deň, utorok, bol smutný. Ráno na Roš hašana odvážali chorých z nemocnice – aj tých, ktorí si prišli dať vyšetriť nejakú bolesť, poslali na smrť.

Na poludnie som sa išla najesť do tábora. Orland, ktorý pred vojnou študoval za rabína, nás osobne privítal a v mene židovských táborových dozorcov povedal: „Želám si, aby ste tento rok boli všetci slobodní." Všetci sa rozplakali, vrátane samotného Orlanda. Potriasli sme si navzájom rukami.

Pristúpila som k Orlandovi a povedala som mu: „Nech sa ti dostane zadosťučinenia od tvojho syna." Toto je tradičné židovské požehnanie. Chcela som plakať, ale dusila som sa a už som nemala viac sĺz. Predstava slobody sa mi zdala taká vzdialená a nedosiahnuteľná. Nedokázala som si predstaviť, že by som bola slobodná.

Vrátili sme sa do dielne, ale žiadna práca pre nás nebola. Prítomný bol len inšpektor (*Aufseher*). Nedokázala som zostať sedieť bez práce, a tak som z dielne utiekla. Stretla som tú Švajčiarku, pani Magierowskú, ktorá stála s hlavou pyšne nahor – po rozpustení

„árijskej" dielne zostala v D.A.W. ako dozorkyňa. Privítala ma slovami: „Ach, ty bláznivá, mohla si stráviť prázdniny vo Varšave, ale tu len čakáš na smrť."

„A keby som namiesto Varšavy skončila v Piaski?" spýtala som sa. Potom som sa rozbehla bez toho, aby som čakala na odpoveď.

Pohybovala som sa medzi chatrčami a každému, koho som stretla, som zaželala, „aby to čoskoro všetko skončilo" alebo „slobodu". Nakoniec ma už nebavilo opakovať tie isté slová a len som mlčky podala každému ruku. Takmer každý, koho som videla, mal v očiach slzy.

Sviatky v nich vyvolali spomienky na to, ako sa kedysi oslavovalo v rodinnom kruhu. Ja sama som na sviatky nemala veľa spomienok. Môj otec sa pred vojnou nemodlil. Sviečky zapaľovali len starý otec a stará mama. Na Jom kipur sa matka postila a nejedla spolu s otcom a so mnou.

Pred rokom, v deň sviatku Roš hašana, som sa vrátila do Ľvova z Czarny Potok, dediny neďaleko Ľvova. Ako som sa tešila, že som opäť s mamuškou!

Vrátila som sa do dielne, keď zaznela píšťalka, ktorá značila koniec pracovného dňa. Z dielne sme pochodovali v päticiach na prehliadkové miesto. Pracovníci práčovne skončili skôr a ja som vstúpila do ich baraku.

Za stolom sedela Jakubowiczová, matka Broneka Jakubowicza, ktorý mal na starosti táborovú práčovňu. Boli zapálené sviečky a okolo nej sa zhromaždili plačúce ženy, ktoré jej želali, aby bol jej syn oslobodený. Odpovedala im pokojne, akoby jej syn nesedel v „chládku". Nemohla som sa na to pozerať, a tak som odišla. Aj v iných chatrčiach ženy plakali na svojich lôžkach.

Plač trval dva dni, potom sa tí, čo utiekli, vrátili. *Unterkunft* bol opäť otvorený a počas prehliadky hral orchester. Jakubowicza prepustili zo samotky a sprchy sa opäť otvorili. Tí, ktorí utiekli, dostali 100 rán bičom, a potom ich poslali na ťažkú alebo špinavú prácu.

Posledný deň pred pôstom sa v *Unterkunft* konala oslava sviatkov. V piatok ráno, keď nemecký dozorca nebol prítomný, sme mali koncert v kúte – pri stole „finišerov". Elza Kantorská spievala, Danka Buchholtzová pískala a ja som tancovala s ostatnými. Potom som zaspala pod stolom. Ženy sa tešili, že bude dobrá polievka. Vedeli to, pretože niektoré ženy z D.A.W. boli poslané pracovať do kuchyne. Orland sa postaral o to, aby sme mali slávnostné jedlo. Mali sme hustú krupicovú polievku s fazuľou a pri vchode do jedálne dal Bebi každému dva krajce chleba a jablko.

S radosťou som čakala, kým padne noc, aby som hneď po návrate do tábora mohla ísť spať bez umývania a spať hodinu navyše vďaka hodinám, ktoré boli teraz nastavené na zimný čas.

Ďalší deň bola sobota; umývanie, a potom pol dňa voľno! Keď sme sa vrátili, bola už noc. Ženy zapálili sviečky a pri modlitbe plakali. Pozrela som na plameň a začala som veriť, že nás Pán vidí. Vidí, že napriek ťažkým podmienkam ho chválime a ďakujeme mu. Nedovolil by, aby malú skupinu, ktorá prežila, v poslednej chvíli zabili.

Ľahla som si na lôžko. Ala sa ma spýtala, či sa mienim postiť. Nevedela som, ako odpovedať. Pôst je náboženské prikázanie na pamiatku utrpenia Židov a ja som bola Židovka ako oni. Nechcela som pátrať hlbšie, pretože som cítila, že by som opäť prestala veriť v Boha, pretože viera vyjadruje nádej. Rozhodla som sa, že sa budem postiť.

Zobudila som sa a išla som na sprievod, kde ako zvyčajne hral orchester. Kolóny D.A.W. sa usporiadali tak, aby sa mohli ísť postupne osprchovať. Dve hodiny sme mrzli na prehliadkovej ploche, zatiaľ čo nás desaťkrát počítali.

Nakoniec sme sa pod prísnym dozorom *Askariov* a táborovej polície dali do pohybu; vpredu kráčal *Askari* spolu so židovským policajtom Borgenom a po ňom išli sanitárky.

Počas rýchleho pochodovania sme si spievali. Niektorí okoloidúci sa na nás pozerali a niektorí sledovali pohľadnú Lilku až ku kúpeľom. Borgen, samozrejme, niektoré ženy zbičoval. Niekto ho nečakane udrel do tváre päsťou. Bol to Kraut z D.A.W., Žid, ktorého do tábora odviedli nie ako obyčajného väzňa, ale ako dôstojníka – vojnového zajatca. Obklopili nás ženy a ukrajinskí obchodníci, ale kvôli sviatku – Jom kipur – nikto z nás nič nekúpil a tentoraz bol vzorný poriadok.

Došli sme do mestských kúpeľov a ženy vtrhli do dverí, strkali sa, hádali sa, kto sa dostane dovnútra skôr. Vstúpila prvá kolóna. Nechcela som stáť a čakať, už mi bola zima a boleli ma nohy.

Poprosila som kaderníka, ktorého som poznala z jedálne *Unterkunftu* a ktorý bol teraz sanitárom, aby ma nechal vojsť predným vchodom. Aká to bola radosť stáť pod prúdom teplej vody. Umyla som sa. Keď jedna skupina žien skončila, vyzliekla sa ďalšia skupina. Vychutnávala som si teplo tečúcej vody a nechcela som odísť a čakať s ostatnými ženami v nedýchateľnej vstupnej miestnosti. Schúlila som sa v kúte, kým druhá skupina neskončila, a opäť som sa dostala pod sprchu.

Ženy sa hádali a strkali do seba, desať pod jednou sprchou. Vstúpil *Askari* alebo Nemec a udierali ženy sprava i zľava, aby si vynútili ticho.

Po umytí nás opäť spočítali. „Slečna Frania," ako sme volali Borgena, nešetril ranami a aj mňa bičovali. Ale tvárila som sa, že sa nič nestalo; viac ma bolelo, že ma zbil Žid.

Na spiatočnej ceste už nebol žiadny poriadok. *Askari* nás zastrašovali výstrelmi a bič slečny Franie sa používal neprestajne.

Jeden z *Askari* sa dokonca zastal jednej zo žien a pohádal sa s Borgenom.

Po návrate do tábora sme hneď išli do jedálne. Pri vchode stáli hrnce s polievkou ako zvyčajne, ale nikto si nešiel vziať svoju porciu. Orland nás zhromaždil v jedálni, potom vošlo desať mužov a modlili sa. Niektoré ženy vytiahli hárky papiera, na ktorých boli napísané modlitby za mŕtvych. Boli tam ženy, ktoré plakali.

Namiesto toho, aby som sa modlila alebo plakala, začala som opäť pochybovať o existencii Boha. Prečo by som sa mala postiť? Neklamali sme sami seba? Opäť som prestala veriť.

Vrátila som sa do ženského tábora, ale nemala som chuť na jedlo a zaspala som. O štvrtej ráno som sa zobudila a zjedla som krajec chleba s klobásou spolu s Alou. Bola som jediná v baraku, ktorá sa prestala postiť. Ala a Olga nikdy nezačali. Keď som zjedla svoju porciu, otočila som sa na bok a opäť som zaspala.

Počasie bolo chladné. Orchester opäť hral a *Unterkunft* fungoval. Kvôli chladu som v noci nemohla spať. Utešovali ma Bumek Wahrman a Helena Grünová, poetka, ktorá písala v jidiš. Povedali mi, že sa mám chystať ísť na árijskú stranu mesta a potom cestovať do Krakova. Neverila som im, a tak sa moje pocity nezmenili. Nevedela som si predstaviť, že by sa niekto usiloval, aby som zostala nažive. Ľudia predsa myslia len na seba. Komu záleží na dievčati menom Janina Hescheles a riskoval by kvôli nej život? Bez toho, aby za to niečo dostal?

Bola som v žalostnom stave. Stratila som chuť žiť. V ušiach mi stále zneli matkine posledné slová: „Znášaj všetko utrpenie pre moje dobro." Tieto slová boli to jediné, čo mi dodávalo silu, ale často som ich ignorovala s pocitom odporu voči matke.

Dostala som triašku a necítila som sa dobre. Požiadala som známeho lekára, doktora Herzla, aby ma na jeden deň zapísal na listinu chorých, a tak som zostala celý deň v chate. Večer, keď sa vracali robotníci D.A.W., som išla do *Waschraumu*. Zrazu ku mne pribehla Rena, ktorá sa neskôr volala Elżbieta, odtiahla ma na jednu stranu a zašepkala: „Boruchovicz [Borwicz] nás vezme do Krakova, zajtra ideme!" Počula som ju, ale nezaregistrovala som, čo hovorí.

Muži sa vrátili z práce. Priblížili sme sa k Wahrmanovi a Reninmu bratrancovi. Wahrman mi povedal, že zajtra o štvrtej hodine máme byť my dve na rohu ulíc Słoneczna a Szpitalna, neďaleko lekárne, a v ruke držať noviny. Máme osloviť ženu vo farebnom saku a povedať jej krycie slovo „Bronek".

Na druhý deň, v utorok, som sa išla rozlúčiť s rodinou Jakubowiczovou. Bumek Wahrman, ktorý tam bol tiež, mi povedal, aby som bol statočná. Pridala som sa k ženám z kuchyne, ktoré boli na ceste do kúpeľov.

Keď sme opúšťali areál D.A.W., nemala som strach. Pohybovala som sa s ťažkosťami a bola som ospalá; zdalo sa mi, že všetko vidím ako vo sne. Kráčala som po Reninom boku a išli sme po Szpitalnej. Zośka Mechanik spievala *Ich fuhr a heim* („Idem domov"). Zdalo sa mi, že text, ktorý som počula, bol „vraciam sa domov, späť do života".

Za nami pochodovali Eisenberg, Dubs a *Werkordner*. Kolóna zabočila na Rappaportovú ulicu, ale my sme pokračovali rovno na Janowskú. Na mieste stretnutia sme stretli Ziutku Rysińskú, spojku Żegoty, a prešli sme k Wierzbicki. Tam sme našli aj Bumeka, ktorý si čistil bundu mliekom. Bumek nám dal adresu pani Winiarskej. V tú noc sme spali u nej.

Odteraz som sa volala Marysia a Rena sa volala Elżbieta. Šťastne sme sa pobozkali, keď sme ležali v posteli.

V stredu sme sa s pani Winiarskou rozlúčili. Ziutka nás vyzdvihla a povedala nám, že Bronek už odišiel.

Útek Reny, jej sesternice Haly a mňa nemal v tábore žiadne následky vďaka podzemným aktivistom, ktorí sfalšovali register väzňov tábora. Po tom, čo Bumek utiekol, dali jeho priateľa zo skupiny do samoväzby, ale bol vykúpený.

Elżbieta mi rozkazovala: „Marysia, začni chodiť! Marysia, ponáhľaj sa! Marysia, sadni si! Marysia, vstávaj!" Automaticky som ju poslúchla, ako trojročné dieťa, ktoré robí to, čo mu prikáže opatrovateľka.

Keď som sedela vo vlaku, stále som nemohla uveriť, že cestujem do nového života – do Krakova. Zdalo sa mi, že počujem zhon žien v kasárňach, výkriky sanitárky Olgy Grünfeldovej a Bebiho, ktorý sa mi snažil vnútiť ticho.

V Krakove som videla Maksa Borwicza. V tábore ma pán S. požiadal, aby som ho pozdravovala, ale zabudla som. Potom sme poslali Bronekovi telegram. Rozlúčila som sa s Elżbietou. Pobozkala ma a ja som jej automaticky podala ruku.

Ziutka ma priviedla k pánovi Mietkovi (Mieczyslawowi). Mieczyslaw Piotrowski (Peleg) mal falošné doklady, ktoré ho identifikovali ako *Volksdeutsche*, etnického Nemca. Ako aktivista Żegoty bol zodpovedný za spojenie s koncentračnými tábormi.

Zdalo sa mi, že sa prebúdzam zo smrteľného spánku a neviem, kde som. Nemohla som uveriť, že som v spálni, ležím v posteli a nikto neruší ticho.

EPILÓG

Môj Ľvov nie je len môj osobný príbeh. Je to príbeh každodenného života židovskej komunity v gete vo Ľvove a v koncentračnom tábore Janowski odo dňa vstupu Nemcov do mesta 30. júna 1941 až po niekoľko týždňov pred konečným vyhladením zvyšných Židov zo Ľvova a celej Haliče v októbri a novembri 1943. To z neho robí historický dokument. Mali by sme povedať niekoľko slov o ľuďoch, ktorí zohrali dôležitú úlohu v živote tejto komunity.

V mojom denníku spomínam doktora Jozefa Parnasa, prvého predsedu *Judenratu*, ktorý mal v tom čase 70 rokov. Na čele bol sotva štyri mesiace a po tom, čo odmietol vydať 500 mladých mužov do tábora Janowski, ako sa od neho žiadalo, bol zatknutý, mučený a zastrelený. Jeho nástupca, doktor Adolf Rotfeld, ktorý tiež nesplnil požiadavky Nemcov, bol v zlom zdravotnom stave a po štyroch mesiacoch vo funkcii zomrel prirodzenou smrťou. Henryk Landesberg bol tretím šéfom *Judenratu* a hoci poslúchol príkazy Nemcov, bol spolu s jedenástimi židovskými policajtmi obesený z balkóna *Judenratu*.

V denníku sa niekoľkokrát spomína doktor Maksymilian Kurzrok, ktorý bol vedúcim nemocnice v gete a v tábore Janowski. Keďže jeho pozícia mu umožňovala voľný pohyb medzi oboma miestami, do tábora prinášal lieky.

Keď sa chystala likvidácia geta, rozhodol sa utiecť a pokúsil sa pritom zachrániť životy niekoľkých mladých zamestnancov nemocnice. Vyzbrojení falošnými dokladmi, zamestnanci nemocnice sa mali pridať k poľským a ukrajinským brigádam, ktoré pracovali na obranných opevneniach v Dnepropetrovsku. Jeho projekt zlyhal. Pechesz a Szwadron – dvaja Židia, ktorí pracovali pre gestapo – spoznali Kurzroka na železničnej stanici vo Ľvove a skupinu nahlásili.[1] Všetci boli zastrelení.

Predtým si Kurzrok v obave o osud starších zamestnancov, ktorí mali rodiny, zriadil úkryt v pivnici nemocnice. Dalo sa tam dostať cez komín pece v dome pána Labinera v nádeji, že ich bude môcť ukryť počas likvidácie geta. Likvidáciu prežili, ale keďže im došli všetky prostriedky na prežitie, vzdali sa Nemcom. Najprv ich priviezli do *Frauenlageru*, ale odmietli poslúchnuť príkaz, aby sa pred popravou vyzliekli, a spoločne prehltli jed. Moja matka bola jednou z nich.

Spomínam aj Ryszarda Aksera, Broneka Jakubowicza a Abrahama Wahrmana. Bronislaw Jakubowicz, väzeň, ktorý pracoval v *Unterkunft*, pôsobil v ilegálnej organizácii na pomoc v tábore. Akser a Jakubowicz vykonávali úradnú prácu v *Unterkunft* v tábore Janowski a – s pomocou niektorých *Ordnerov*, ktorí mali na starosti udržiavanie poriadku v tábore – viedli tajnú skupinu, ktorá poskytla pomoc mnohým väzňom.

Po príchode sa napríklad každý väzeň musel zaregistrovať na *Unterkunft*. Keď sa ma spýtali na dátum narodenia, povedala som rok 1931, ale Akser namiesto toho napísal rok 1929. Mladším pridával roky a starších omladzoval, čím ich zachraňoval pred okamžitou smrťou. Akser odmietol všetky ponuky na útek.

Namiesto toho zostal v tábore, aby pomáhal svojim spoluväzňom. Zahynul pri likvidácii tábora 19. novembra 1943.

Abraham (Bumek) Wahrman bol členom ľavicového sionistického mládežníckeho hnutia Hašomer hatzair. Bol členom odbojovej siete, najprv v gete a potom v tábore. Podarilo sa mu získať niekoľko revolverov od talianskych vojakov a nakoniec z tábora utiekol, ale bol zatknutý a zabitý na árijskej strane.

Pokiaľ ide o moju rodinu: môj otec bol šéfredaktorom židovského denníka *Chwila* [Chvíľa], ktorý vychádzal pred vojnou v poľštine. *Chwila* bol veľmi populárny denník s dvoma vydaniami, ranným a večerným. Založil ho v roku 1919 Gerszon Zipper, švagor môjho otca (manžel jeho sestry), krátko po pogrome v roku 1918.

Noviny mali aj literárnu prílohu, ktorá bola veľmi obľúbená medzi nežidmi, ako aj prílohu pre deti, *Chwilka* [Chvíľka]. Moja matka, povolaním zdravotná sestra, učila aj hebrejčinu. Jej rodina hovorila jidiš a dodržiavala náboženské tradície.

V septembri 1939 môj otec a jeho brat Mundek, ktorý bol tiež novinárom v *Chwila*, opustili Ľvov kvôli postupujúcim Nemcom. Boli presvedčení, že ženám a deťom sa nič nestane. Obom bratom sa podarilo dostať do Rumunska a boli v Bukurešti, keď sa dozvedeli, že Ľvov nenapadli Nemci, ale Sovieti. Otec sa dostal späť. Na hraniciach ho zatkli Sovieti a niekoľko mesiacov strávil vo väzení Brygidki na Kazimierzowskej ulici vo Ľvove, potom ho poslali do Ruska.

Pre moju matku to bolo veľmi ťažké obdobie. Nosila do väzenia balíky a často sa vracala vyčerpaná s balíkom v ruke. Tri mesiace pred nemeckou inváziou do Sovietskeho zväzu (operácia *Barbarossa*) sa môj otec vrátil domov. Prvé strany denníka opisujú jeho návrat a krátke obdobie, ktoré sme strávili spolu.

Keď Nemci vtrhli do Ľvova, Sovieti ustúpili a zapálili všetky väznice v meste a všetci väzni – Ukrajinci, Poliaci a Židia, kriminálnici a politickí väzni – zomreli. Väčšina väzňov boli Ukrajinci.

Mnohí Židia počas okupácie Ľvova podporovali Sovietov, pretože v nich videli oporu proti Nemcom. Preto nebolo ťažké obviniť Židov z vypálenia väzníc a podnietiť ukrajinské obyvateľstvo (s nemeckou podporou), aby proti nim zorganizovalo pogrom. Práve počas tohto pogromu zomrel môj otec v tom istom väzení, v ktorom bol zadržaný počas sovietskej vlády.

Môj strýko Mundek (otcov brat, ktorý sa rovnako ako matkin brat volal Mundek) sa z Rumunska domov nevrátil. Marysia, žena, s ktorou žil pred vojnou, nežidovka, a ich dve dcéry zostali vo Ľvove. Jeho dcéry boli polovičné Židovky, alebo *Mischlinge* podľa nacistickej terminológie, a teda židovského pôvodu „prvého stupňa". To znamenalo, že im hrozila smrť. Teta Marysia bola vystavená vydieraniu; moja prítomnosť v jej dome ohrozovala životy jej dcér. Aby ich ochránila, hovorila, že Mundek nie je ich otec.

Je jasné, prečo ma teta Marysia niekoľkokrát vykázala zo svojho domu. Bola som vtedy príliš mladá, aby som jej správanie pochopila, a spôsob, akým som ju opísala vo svojich memoároch, bol nespravodlivý. O osemnásť rokov neskôr, keď som sa sama stala matkou, som si uvedomila, že v snahe ochrániť svoje deti by som možno urobila to isté.

Po pogromoch, spontánnych masakroch Židov zo strany Ukrajincov, nasledovalo obdobie akcií, ktoré boli plánovanými masakrami Židov zo strany Nemcov. Moje memoáre sú kronikou týchto udalostí, počas ktorých bola moja rodina zničená.

Ako to často býva, náhoda určuje osud jednotlivca alebo skupiny. Moja matka sa niekoľkokrát pokúsila umiestniť ma do bezpečia na árijskú stranu – mimo geta. Zakaždým sa to skončilo vydieraním a musela som sa vrátiť.

A predsa, práve v tábore Janowski, kde nebola žiadna nádej dostať sa von, som sa vďaka recitovaniu svojich básní v ženskej časti zoznámila s Michalom Borwiczom, väzňom, ktorý bol spisovateľom a básnikom.[2] Upozornili ho na mňa *Ordneri* z nášho baraku. Vďačím mu za svoj život, ako aj mnohým statočným Poliakom. Borwicz sa v tábore Janowski pokúšal rozvíjať kultúrne aktivity, ktorých cieľom bolo vštepiť väzňom pocit dôstojnosti tvárou v tvár genocíde.

Borwicz pochádzal z Krakova. Keď v roku 1939 vypukla vojna, bol vo Ľvove na dovolenke a ocitol sa odrezaný od svojich priateľov v Krakove, ktorý bol v tom čase okupovaný Nemcami. Jeho poľskí priatelia boli členmi Poľskej socialistickej strany a v prvých dňoch vojny sa pripravovali na podzemnú činnosť. Niektorí členovia tejto skupiny boli Židia pôsobiaci pod falošnou identitou a mali väzby na Żegotu, ktorú založili poľské podzemné organizácie.

V roku 1941, po nemeckej okupácií Ľvova, sa Borwiczovým priateľom podarilo nájsť ho v tábore Janowski a zorganizovať jeho útek.[3] Borwicz vtedy trval na tom, aby zachránili aj ďalších ľudí. Mala som to šťastie, že som bola jednou z nich.

Po úteku z tábora sme zostali niekoľko dní u jednej rodiny vo Ľvove. Vymenili sme si oblečenie, dostali sme jedlo a falošné árijské doklady. Potom nás do Krakova sprevádzala Ziuta Rysinska, osemnásťročná spojka.

Prvých niekoľko nocí sme strávili v byte Marie Hochberg-Mariańskej. Mala na starosti nájsť pre nás prístrešie, čo bola jedna z najťažších úloh. Umiestnili ma k Wande Janowskej (kozmetičke), ktorá sa neskôr vydala za Wladyslawa Wojcika – tiež bola aktivistkou Żegoty. Cez deň prijímala klientov vo svojom byte, ktorý v noci slúžil na výrobu falošných árijských dokladov totožnosti.

Tri týždne po mojom úteku mi Mariańska priniesla zošity a ceruzku a požiadala ma, aby som si zapísala svoje spomienky.

Rukopis bol počas celej vojny ukrytý a prísne strážený. Potom bol uložený v Borwiczovom súkromnom archíve. On ich zasa v roku 1981 preniesol do archívu Domu bojovníkov za geto v Izraeli.

Miesto môjho útočiska sa niekoľkokrát zmenilo. Mojou poslednou adresou bol sirotinec Jadwigy Strzaleckej,[4] ktorý bol po neúspešnom povstaní vo varšavskom gete v roku 1944 presťahovaný do Poroninu v poľských Tatrách.

Bolo tam ubytovaných asi dvadsať židovských detí, ako aj niekoľko židovských žien, ktoré sa tam mohli uchýliť ako zamestnankyne. Na konci vojny sa sirotinec presťahoval do Sopot na pobreží Baltského mora. Zostala som tam až do ukončenia strednej školy. Vtedy som dostala list od tety Manie, otcovej sestry, ktorá žila v Jeruzaleme. Písala, že by ma rada prijala, že jej dom bude mojím domovom. List vo mne vyvolal túžbu po rodine, po tých, ktorí zahynuli, aj po tých, ktorých som ešte nepoznala.

Prvé povojnové roky v Poľsku boli časom plným nádeje. Mysleli sme si, že sa zrodí lepší svet. Mladí ľudia sa mohli tešiť na svoju budúcnosť, mohli sme si vybrať smer a vzdelanie.

V roku 1950 som po skončení strednej školy odišla do Izraela so skupinou legálnych prisťahovalcov. Izrael bol v tom čase ešte chudobnou krajinou. Noví prisťahovalci boli umiestnení v prisťahovaleckých táboroch (*Ma'abarot*). Žili sme v stanoch alebo v chatrčiach.

Jedného večera – keď som ešte žila v tranzitnom tábore pre imigrantov *Shaar Haaliya* (Imigračná brána) – som sa vybrala do Jeruzalema navštíviť svoju tetu Maniu. Zaklopala som na jej dvere, ale nikto mi neotvoril. Suseda mi povedala, že teta má rakovinu a leží v nemocnici Bikour Cholim.

Keď som ju ešte v ten večer prišla navštíviť do nemocnice, hneď ma spoznala. Vzala ma za ruku a priložila si ju k ústam. „Som taká šťastná, že ťa vidím," zašepkala. Pozorne som si prezrela jej tvár a hľadala podobnosť s tvárou môjho otca. Mala rovnaké sivé oči. Bolo to po prvýkrát a zároveň naposledy, čo som ju videla.

Absolvovala som šesťmesačný kurz hebrejčiny v *Ulpane*, jazykovej škole, ktorá sa nachádzala v kibuci. Nasledujúce dva roky som strávila povinnou vojenskou službou. Vzdala som sa myšlienky na štúdium literatúry, pretože moja hebrejčina nebola dostatočne dobrá, a rozhodla som sa študovať chémiu na Technion, Izraelskom technologickom inštitúte v Haife, pričom som zároveň pracovala, aby som si štúdium zaplatila. Bývala som v Beth Ha-Halutzot (Dom pre slobodné ženy). Na izbe nás boli štyri alebo päť a všetok náš svetský majetok sme mali uložený pod posteľami.

V poslednom roku štúdia sa mi podarilo získať miesto výskumnej pracovníčky/učiteľky. Vtedy som spoznala Kalmana, mladého lektora fyziky. Sinajská vojna v roku 1956, počas ktorej Kalmana povolali do armády, zohrala v našom vzťahu katalyzujúcu úlohu. Eitan, môj prvý syn, sa narodil, keď som sa pripravovala na doktorát, a druhý syn sa narodil, keď som ho dokončovala.

Po obhájení doktorandskej práce som s manželom a deťmi odišla na Imperial College v Londýne. V noci, keď moje deti spali, som sa mohla venovať písaniu románu, v ktorom som rozprávala o svojej minulosti. Kniha s názvom *Hem od Chayim* (Stále sú naživé),[5] vydaná pod pseudonymom Tzvia Eitan, získala v roku 1967 cenu v anonymnej literárnej súťaži, ktorú zorganizovalo Združenie redaktorov a skladateľov.

Počas svojej výskumnej kariéry som pracovala na Technione v Haife, na Weizmannovom inštitúte v Rehovote a na Univerzite Ludwig-Maximilian v Mníchove. Považujem za veľkú česť, že som bola súčasťou sveta chémie v druhej polovici 20. storočia.

Svoju profesionálnu kariéru som ukončila vo veku 65 rokov a ďalej som sa venovala odpovedi na otázku, ktorá ma vždy nahlodávala: ako bolo možné, že sa nacistický režim dostal k moci práve v Nemecku – v krajine, ktorá sa v 19. a na začiatku 20. storočia mohla pochváliť svetovo uznávanou vedeckou komunitou a kde bola asimilácia Židov najrozsiahlejšia v Európe. Zároveň ma fascinovali tí, ktorí mali v Nemecku odvahu vzdorovať nacizmu. V roku 2007, po desiatich rokoch práce, vyšla v Izraeli v hebrejčine moja kniha *Biela ruža – študenti a intelektuáli v Nemecku pred a po Hitlerovom nástupe k moci.*[6]

Britský historik 18. storočia Edward Gibbon napísal: „Dejiny ľudstva nie sú ničím iným ako kronikou zločinov, hlúpostí a nešťastí človeka."

Izraelský vedec a filozof Yeshayahou Leibowitz k tomu dodal: „Ľudské dejiny sú tiež bojom proti zločinom, hlúpostiam a nešťastiam človeka. Nie je isté, či z takéhoto boja vyjde človek víťazne, ale práve týmto bojom sa zapísali najslávnejšie stránky ľudských dejín."

Môj denník bol prvýkrát publikovaný v poľštine v roku 1946 Židovskou historickou radou v Krakove.[7] V rokoch 1958-1960 vyšiel v Berlíne v antológii denníkov z obdobia šoa, ktorá vyšla v siedmich vydaniach.[8]

Denník upadol na ďalších 60 rokov do hibernácie, počas ktorej boli v rôznych jazykoch publikované len úryvky.

Ľady sa prelomili v roku 2011, keď sa Ada Dianova, riaditeľka židovského charitatívneho a kultúrneho inštitútu Hesed Arieh v Lviv na Ukrajine, rozhodla preložiť a publikovať pôvodnú poľskú verziu denníka do ukrajinčiny a ruštiny, aby pripomenula náš prekvitajúci židovský kultúrny život vo Ľvove pred šoa. [9]Nasledovalo množstvo publikácií v ďalších jazykoch.[10]

Všetky tieto preklady mali epilóg, v ktorom som po úteku z tábora Janowski vyrozprávala priebeh svojho doterajšieho života.

---

1. Túto informáciu o Kurzrokovom pokuse o záchranu starších zamestnancov nemocnice mi sprostredkovala jeho príbuzná pani Adlersbergová.

2. Michal Borwicz bol pred vojnou známy ako spisovateľ a počas vojny písal poéziu. Jeho básne sa nachádzajú v antológii *Piesn ujdzie calo. Anotlogia wierszy o zydach pod okupacja niemieck* (Ústredná židovská historická komisia, Varšava, 1947, s. 60-70). Po vojne založil Židovskú historickú komisiu v Krakove, ktorá zhromažďovala svedectvá a vydávala knihy. V roku 1953 získal doktorát zo sociológie na Sorbonne v Paríži.
3. Hlavne vďaka Mieczyslawowi Piotrowskému (neskôr v Izraeli známemu ako Mordechaï Peleg), spojke Żegoty medzi Krakovom a Ľvovom.
4. Jadwiga Strzałecka zachránila desiatky židovských detí, ako aj židovské ženy, ktoré pracovali s deťmi v sirotinci. Keď bol sirotinec ešte vo Varšave, kontrolovali ho nemeckí odborníci, ktorí vykonávali „antropologické testy", aby zistili, či niektoré z detí nie je židovského pôvodu. Žiadne nenašli.
5. Vydané pod pseudonymom Tzvia Eitan (podľa mien mojich detí), vydavateľstvo Alef v Tel Avive, 1969.
6. Janina Altman, Havered Halavan (*Biela ruža*), Pardes, Haïfa, 2007. Prvá časť tohto diela vyšla v nemčine: Janina Altman, *Naturwissenschaftler vor und nach Hitlers Aufstieg zur Macht*, Amazon (Kindle), 2013.
7. Janina Hescheles. *Oczyma dwunastoletniej dziewczyny*, Wojewodzka Żydowska Komisja Historyczna, Krakov, 1946.
8. Janina Hescheles, *Mit den Augen eines zwölfjährigen Mädchens*, v: Im Feuer vergangen, *Tagebücher aus dem Ghetto*, vydalo Rutten & Loening, Berlin, 1958, s. 299-357.
9. Ukrajinčina: Яніна Гешелес. *Очима дванадцятирічної дівчинки*. Переклав Андрій Павлишин, *Дух і літера*, Kyjev, 2011; rusky: Янина Хешелес. *Глазами двенадцатилетней девочки*, Перевод Владимира Каденко,*Дух і літера*, Kyjev, 2011.
10. Katalánčina: Janina Hescheles. *Amb els ulls d'una nena de dotze anys*, Riurau Editors, Jaume Ortolà, Barcelona, 2012 (3 vydania). Španielsky: Janina Hescheles. *Con los ojos de una nina de doce anos*, Hermida Editores, Madrid, 2014. Fínsky: *Janinan päiväkirjät*, Like, Helsinki. 2015. Poľsky, aktualizované 2. vydanie: *Oczyma dwunastoletniej dziewczyny*, Ústredná židovská historická komisia, Varšava, 2015. Hebrejsky: Janina Hescheles. בעיני ילדה בת שתים-עשרה, vydavateľstvo Pardes, Haifa, 2016. Hebrejsky: Janina Hescheles Pardes Publishers, Haifa, 2016. Francúzsky: *Les Cahiers de Janina* (Janine zápisníky), Classiques Garnier, Paríž, 2017. Nemecky: Janina Hescheles, *Mit den Augen eines zwölfjährigen Mädchens*, Metropol, Univerzita v Giessene, 2019.

JANINE BÁSNE 1941-1945

NOSTALGIA

Vo chvíli odpočinku,
Vo chvíli ticha
Niečo mi vytrvalo šepká do uší
Moment žiaľu z minulosti
Kto to šepká? – Nostalgia
Keď som sama,
Niekto mi otvára viečka
Cítim svoje oči, plné sĺz
Čo ich tak napĺňa? – Nostalgia
Keď sa moje myšlienky zastavujú
Cítim prudkú potrebu plakať.
Niečo sa zmocňuje môjho srdca.
Čo je to? Nostalgia.
Túžim po šťastí z minulosti,
Keď mi rodičia otvorili dvere života
Aby mi dali slová lásky a pohladenia
Čo však zostáva? Nostalgia.
Árijská štvrť Ľvova, September 1942-február 1943.

PRÍDE ČAS

Dni utrpenia a bolesti sa skončia,
Tisíce opustených mŕtvol
Budú nahromadené za ostnatým drôtom,
Ale ten deň príde,
Príde čas
Keď v nás opäť zavládne radosť
Keď aj pre nás bude svietiť slnko,
To isté slnko, čo teraz spí v lete.
Pieseň zaznie,
Pieseň o šťastí,
Keď povstane krik víťazstva
Proti vinníkom nášho utrpenia.
Len vtedy prestane zlo a bolesť,
Len vtedy sa skončia tieto trýznivé časy.
Árijská štvrť Ľvova,
September 1942-február 1943.

LEN ZOPÁR

Len zopár našich ľudí zostalo.
Kedysi obdivovaní, teraz pošliapaní,
Týchto pár je mučených v táboroch,
Bez rozsudku, bez práva, bez nádeje, len vzdychajúc.
Týchto pár malo kedysi rodiny,
Poznali šťastie kozubu a domova,
Teraz je to teplo odňaté
A my sme ponížení.
Vy hlásate dobré skutky a mučíte nevinných?
Ak sa väzeň odváži zdvihnúť hlavu
A povedať čo len jedno slovo,
Potom tento blázon,
Áno blázon
(pravda vždy bolí)
Vedie svet svojimi päsťami.
Tábor Janowski, 1943

WEYSSENHOF

Malá miestnosť so zamrežovaným oknom, prezývaná cela.
V nej šesťdesiat ľudí,
Zdieľajú svoje posledné hodiny.
Smrť sa blíži, číha v tieni,
Každá minúta akoby trvala rok.
V kúte sedí mladý chlapec a dievča,
On jej šepká:
Sľúbil som ti to, láska moja,
Že ťa nikdy neopustím,
A svoj sľub som dodržal,
Ani smrť nás nerozdelí.
Mladé dievča s plačom odpovedá:
Bola by som radšej, keby si bol ďaleko odo mňa,
Radšej by som tu bola sama.
Dvere cely sa otvoria,
Dovnútra vhadzujú ženu,
Za ňou sa vlečie malé dieťa
Objíme ju a zašepká:
Bojím sa, nechcem tu byť,

chcem sa ďalej hrať,
Bojím sa, matka, bojím sa.
Neboj sa, syn môj, neboj sa,
A ona si pomyslela:
Predtým, ako vystrelia,
Zakryjem tvoje oči rukami.
Slnko zapadá.
Vyčerpaní,
Ľudia ležia na zemi.
A opäť vychádza slnko,
A zatiaľ čo mesto je stále ponorené do spánku,
Deväť nákladných áut prichádza do Weyssenhofu.[1]
Obyvatelia cely nastupujú
A v Piaski sa ich život končí.
Jeden z väzňov pracoval vo *Fliku*
Triedil oblečenie obetí.
Zrazu sa sklonil, otrasený,
A držiac sa ružových šiat,
Zdvihol fotografiu svojej milovanej.
Tábor Janowski, 1943

---

1. Väzenie pre Židov na Weyssenhofovej ulici vo Ľvove, z ktorého bola väčšina väzňov odvedená na smrť.

PIESKY V PIASKI

Nádherný výhľad,
Polia, karmínové slnko,
Stromy na kopci,
A železničné trate pod nimi.
Aké to tu bolo krásne,
Počas prázdnin
Keď, blažene slobodní,
Sme sa schádzali pri piesni.
Teraz pred nami leží údolie smrti
Miesto, kde nám odňali našich milovaných
A kde sa nad údolím vznáša sivý dym.
Dym z kostí mojej matky
A krv môjho otca
Sa mieša s našimi slzami.
Nekonečný smútok, horkosť a žiaľ.
Nás, úbohých, opovrhovaných, odvrhnutých Židov,
Vláčili donekonečna
Aby sme zomreli v tábore.
Pred nami ležia dve polia,

Jedno je pole slobody a života,
To druhé zahalené v temnote a tieni smrti.
Ku ktorému nás to ťahá viac?
Môže nás sloboda stále pokúšať
Po takom extrémnom utrpení,
Sklamaní a neistote?
Kto môže zmierniť naše utrpenie?
Možno to Boh vidí zhora
Ako sa sklamania a zlyhania
Rozplynú v dyme v pieskoch.
Tábor Janowski, 1943

BELZEC

Aký strašný pohľad!
Vozeň plný ľudí,
V kúte niekoľko tiel.
Všetci stoja nahí,
Ich výkriky prehlušuje
Rachot kolies –
Len odsúdení rozumejú
Čo im kolesá hovoria:
Do Belzecu! Do Belzecu! Do Belzecu!
Na smrť! Na smrť! Na smrť!
Do Belzecu! Do Belzecu! Do Belzecu!
Na smrť! Na smrť! Na smrť!
Ak chceš žiť, potom
Skoč! Bež! Utekaj!
Ale pozor!
Stráže prenasledujú aj vás.
Ďalšiemu odsúdenému šepkajú:
Už nikdy neuvidíš svoju matku,
Nemá zmysel plakať,

Nemá zmysel nariekať,
Svojho otca už nikdy neuvidíš,
Pretože vozne ťa odvážajú do Belzecu –
Do Belzecu! Do Belzecu! Do Belzecu!
Na smrť! Na smrť! Na smrť!
Do Belzecu! Do Belzecu! Do Belzecu!
Na smrť! Na smrť! Na smrť!
Vlak sa prestane naháňať,
Spomalí a zastaví sa.
Z tisícok sŕdc sa ozývajú výkriky
Vlak dorazil do cieľa.
Zaznie píšťalka:
Toto je Belzec. Toto je Belzec. Toto je Belzec.
Tábor Janowski, 1943.

MATKE

Cítim sa zle, je to ťažké,
Všetko na mňa dolieha
Ale čo môžem urobiť?
Si tak ďaleko.
Piesok ti zakrýva oči,
Tvoje milované srdce už nebije.
Prečo si mi tak ublížila?
A nechala ma samú,
Obklopenú cudzími ľuďmi?
Svoj smútok musím znášať sama.
Ale ty ma určite zhora uvidíš,
A ochrániš ma pred ďalšou bolesťou,
A keď padne noc,
A všade okolo bude ticho,
Zostúpiš z neba,
Sadneš si na moje skromné lôžko,
A ako za dávnych čias,
Pobozkáš ma na čelo.
Počítam hodiny, minúty,

Čakám na také nádherné,
Očarujúce stretnutie.
Aká budem šťastná,
Ako ľahká a príjemná bude moja duša.
Ale tá chvíľa bude krátka,
Príliš krátka na vystačenie,
Rýchlo odchádzaš,
Tento svet ťa desí, ja viem,
Ako aj pohľad zlých ľudí.
Schovávajúc sa pod prikrývku,
Hľadám útechu.
Ale taká nádherná noc
Robí bolesť ešte horšou.
Ale ja si myslím, že sa vrátiš,
Že sa to naozaj stalo,
Príď, matka, príď,
Príď, moja milovaná.
Tábor Janowski, 1943

NOC

Noc sa rozprestiera, ticho a v pokoji,
Utišuje a zastavuje zhon dňa
Ako matka, ktorá chlácholí a uľavuje od starosti,
Vzďaľuje človeka od každodennej driny,
Zahaľuje svet do tmy,
Zakrýva tragédie a utrpenie snami,
Keď sa driemoty skončia,
Starosti a smútky sa vrátia.
Krakov, 16. júl 1944

ODDYCH

Oddych, si mi taký drahý, keď odpočívam!
Zamknutá medzi štyrmi stenami,
Aby som unikla a skryla sa pred mestským zmätkom,
Aby si moja utrápená hlava oddýchla
A utiekla do iných svetov.
K sladkým snom a nadpozemským víziám,
Ďaleko, ďaleko od ľudí.
Táto chvíľa rozjímania,
Kde nikto nepočuje, nikto nevidí,
Je chvíľa blaženosti.
Ach! Uteš ma, chvíľa blaženosti, uteš ma!
Odneste ma odtiaľto
Čaro a liečivosť ticha
Chvíľa blaženosti, jemného kolísania,
Odnes ma na vrchol neba,
Kde môžem žiť medzi realitou a snom,
Kde sa cítim opäť ako malé dievčatko,
Dostávajúc sa preč z tejto nešťastnej zeme.
Krakov, 28. august 1944

PORONIN – NA HORE

Hej! Z cesty!
Mám na sebe lyže
Najprv nepokoj,
Trochu sa mi trasú nohy
Kĺžem sa dolu strmým svahom
A moje lyže sa kĺžu samé.
Cítim silu vetra,
Hlava sa mi točí,
Krv mi prúdi v žilách
Vietor mi prehrabáva vlasy
A príjemne hladí líca.
Zrazu sa jedna lyža zatočí
A bác!
Obklopí ma jemná bieloba
Pokrytá snehom
Rýchlo vstávam
Aby si ma nik nevšimol
A znovu sa vydávam na cestu,
Lyže kĺžu ďalej a ďalej.

Po skĺznutí dolu strmým svahom.
A bezoblačná modrá obloha,
Zatienená tam v diaľke lesom,
A tatranská horská reťaz
Vypĺňa obzor.
Šum borovíc šepká
Život stojí za to žiť
Lebo svet je nádherný.
Detský domov v Poronine v Tatrách, január 1945

POĎAKOVANIE

Väčšina z deviatich prekladov mojich spomienok z poľského originálu do iných jazykov, ktoré som napísala v roku 1946, vznikla na podnet prekladateľov alebo vydavateľov.

Prvý úplný preklad do nemčiny (Viktor Mika) vyšiel v siedmich vydaniach antológie vojnových denníkov v Berlíne v rokoch 1958-1960 pod názvom *Im Feuer vergangen: Tagebücher aus dem Ghetto* (*Zahynuli v plameňoch: Denníky z geta*). Aktualizované vydanie v nemeckom jazyku *Mit den Augen eines zwölfjährigen Mädchens* vyšlo v roku 2018 vo vydavateľstve Metropol na Univerzite v Giessene.

Ďalšie preklady v plnom znení, z poľštiny do ukrajinčiny a ruštiny, vznikli približne po 50 rokoch v 2011 z iniciatívy Ady Dianovej, riaditeľky židovskej charitatívnej a kultúrnej inštitúcie Hesed Arieh v Lviv.

Židovské obyvateľstvo Ľvova bolo súčasťou povojnového ruského (vrátane židovského) prisťahovalectva do Ľvova – po vyhladení Židov a vyhnaní Poliakov bolo mnoho bytov voľných. Ada chcela zdôrazniť korene pôvodného židovského obyvateľstva v meste a na základe knihy zorganizovala celovečerné divadelné predstavenie v réžii zosnulého Vjacheslava Olkhovského. Moje poďakovanie patrí ukrajinskému historikovi Yaroslavovi Hrytsakovi za jeho povzbudenie a podporu pri vydaní denníka v ukrajinčine a ruštine. Moje uznanie a osobitné poďakovanie patrí Ade za to, že mi otvorila dvere k obnovenému záujmu o môj denník. V tejto publikácii, ako aj vo všetkých nasledujúcich publikáciách, je zaradený Epilóg, v ktorom krátko opisujem svoj vojnový a povojnový život v Poľsku a Izraeli.

Osobitné poďakovanie patrí Guillemovi Calaforrovi (Univerzita vo Valencii), ktorý preložil denník z poľštiny do katalánčiny a španielčiny a dohodol jeho vydanie v Barcelone a Madride. Som mu vďačná za to, že upozornil na Michala Borwicza, ktorého si vážim a ktorému vďačím za svoj život. Guillem tiež upozornil na nezrovnalosti medzi rukopisom z roku 1943, ktorý sa zachoval v archíve Židovského domu bojovníkov, a verziou vydanou v roku 1946 v Krakove.

Moje poďakovanie patrí Livii Parnesovej z Memorial de la Shoah v Paríži za jej neúnavné úsilie o vydanie denníka vo francúzštine. Ďakujem Catherine Coquio, profesorke komparatívnej literatúry na Univerzite Paris-Diderot, za neoceniteľnú pomoc pri vydaní denníka. Som vďačná aj Judith Lyon-Caenovej z EHESS – Školy sociálnych vied na Univerzite Paríž 6 za podporu pri vydaní denníka a za jeho zaradenie do jej seminára programu.

Moja vďaka patrí aj Agnieszke Żuk za preklad denníka z poľštiny do francúzštiny, ktorá sa nevzdala ani vtedy, keď ho viacerí vydavatelia odmietli vydať. Osobitné poďakovanie patrí Isabelle Vayronovej za jej film *Janine zápisníky* (*Les Carnet de Janina, Talweg Productions et Vosge Television*), ktorý bol použitý počas mnohých stretnutí vo Francúzsku, zorganizované Sergeom Grossvakom na propagáciu knihy.

Som vďačná Ewe Kozminskej-Frejlak zo Židovského historického inštitútu vo Varšave za mnohé diskusie, ktoré prispeli k napísaniu Epilógu. Ďakujem aj Piotrovi Laskowskému za napísanie doslovu k druhému poľskému vydaniu s poučnými poznámkami.

Moje poďakovanie patrí Gideonovi Gitaiovi za jeho úsilie o vydanie denníka vo fínčine, Teemu Matinpurovi za jeho vydanie a Tapanimu Karkkäinenovi (Helsinki) za jeho preklad z poľštiny do fínčiny.

Môj preklad denníka z poľštiny do hebrejčiny upravila Michal Kirzner-Appleboim, ktorá hebrejčinu vybrúsila a opravený rukopis ukázala Davidovi Gottesmanovi, vedúcemu vydavateľstva Pardes. David mi okamžite zavolal a povedal, že je pripravený denník vydať. Osobitne ďakujem Michal za jej neoceniteľnú podporu a pomoc a Davidovi Gottesmanovi za jeho ochotu publikovať – čo sa aj stalo v priebehu niekoľkých mesiacov.

Spolupráca pri príprave knihy na vydanie priniesla pevné priateľstvo s Guillemom, Michal, Adou, Liviou, Ewou a Agnieszkou. Divadelná adaptácia denníka (v poľštine) v ukrajinskom Lviv dala vzniknúť vrelému vzťahu s herečkami Tatianou Sukorkinou a Alexandrou Somish. Moje uznanie a poďakovanie patrí Bilhe Mas-Asherovovej, ktorá pripravila monodrámu na motívy denníka s mnohými reprízami. Toto, spolu s filmom *Janina*, ktorý pre Dom bojovníkov geta vyrobil Chen Shelach, významne prispelo k šíreniu hebrejskej verzie knihy. Títo noví priatelia obohatili moje starnutie.

Moje poďakovanie patrí Anat Bartman-Elhalelovej, riaditeľke archívu Domu bojovníkov v gete, a Noamovi Rachmilevichovi za starostlivé vedenie rukopisu denníka. Našla som v nich priateľov, ktorí boli vždy ochotní pomôcť.

Moje uznanie patrí Židovskému historickému inštitútu vo Varšave za ich iniciatívu oživiť prvé povojnové publikácie, a tým umožniť ich autorom odovzdať svoje autentické správy.

Uverejnením mojich neľahkých spomienok na detstvo sa uzatvára môj životný cyklus. Mojou odmenou je dnes šťastná staroba po boku Kalmana, môjho celoživotného spoločníka, ktorý mi vo všetkých etapách stál a stojí po boku – za čo mu môžem vyjadriť len vďaku.

Moji synovia, Eitan a Zwi, mi boli neustálym zdrojom povzbudenia a opory. Moje osobitné poďakovanie patrí Eitanovi, Zwi a Sergemu Grossvakovi za ich prispievanie k propagácii môjho denníka vo Francúzsku, starostovi a členom rady mesta Stains, mestskej samospráve Paríž 11 a organizáciám Union des Juifs de France pour la Paix, Ligue des droits de l'Homme, Women in Black a Amnesty International za ich príspevky.

Dinah McCarthyová a Kalman Altman sa dobrovoľne podujali na preklad do angličtiny na základe hebrejského a francúzskeho vydania s mojím občasným zásahom, keď bolo potrebné porovnanie s poľským originálom. Srdečne im ďakujem za obrovské úsilie, ktoré vynaložili na realizáciu tohto anglického prekladu.

Nakoniec ďakujem svojmu synovi Eitanovi za jeho obetavú snahu nájsť vydavateľa pre toto dielo.

Janina Hescheles Altman

Haifa, máj 2019

CITÁCIE Z PREDSLOVOV, DOSLOVOV A FILMOV

Ada Dianova, riaditeľka Všeukrajinského židovského charitatívneho a kultúrneho inštitútu Hesed Arieh v Lviv (predtým Ľvov).

Úryvok z filmu Isabelle Vayronovej *Janine zápisníky*, Paríž, 2017:

Pri príležitosti 70. výročia nacistickej okupácie Ľvova v júni 1941 a prvého pogromu na Židov sme považovali za potrebné ukázať ich významný prínos pre kultúrny a intelektuálny život mesta pred vojnou.

Preto sme skúmali popredné židovské osobnosti, ktoré žili vo Ľvove pred vojnou a počas nej. Narazili sme na meno Henryk Hescheles. Bol redaktorom novín Chwila, ktoré vychádzali dvakrát denne v Poľsku. Predávali sa ako teplé rožky. Zistili sme, že počas vojny bol on a väčšina jeho rodiny zavraždená, ale jeho dcéra Janina prežila. Keď v roku 1943 prišla do Krakova po úteku z koncentračného tábora Janowski, začala si do zošita zapisovať svoje spomienky.

Príbeh vyšiel pod názvom Oczyma dwunastoletniej dziewczyny, *Krakov, 1946. Kniha, napísaná z pohľadu dieťaťa, je silná a zároveň hrozná. Uvažovali sme o jej preklade do ukrajinčiny a ruštiny.*

Kniha hovorí o toľkých hrozných veciach. Aj o Ukrajincoch. Keď som túto knihu čítala prvýkrát, bála som sa ju vydať. Božechráň, bála som sa, že by som mohla vyvolať nový konflikt vo Ľvove, medzi Židmi a Ukrajincami...

Yaroslav Hrytsak, profesor histórie na Štátnej univerzite I. Franka v Lviv.

Úryvok z ukrajinského a ruského vydania, Ľvov, 2011:

... Janina Hescheles mala šťastie, že prežila. Jej spomienky majú vzácnu historickú hodnotu: boli napísané v čase, keď spomienky na tábor Janowski boli ešte čerstvé; vyznačujú sa fotografickou presnosťou, ktorá je charakteristická pre spomienky detí. Človek je prirodzene v pokušení porovnať ich s denníkom Anny Frankovej. To sa však ukáže ako zbytočné. Anna Franková a jej rodina sa skrývali, kým ich v auguste 1944 neobjavila nemecká polícia. Jej denník nás v skutočnosti o živote Židov v okupovanom Amsterdame a o každodennom živote rodiny Frankových v koncentračnom tábore poučí len málo, na rozdiel od spomienok Janiny Hescheles, kde je v centre pozornosti každodenný život, ako aj násilie, s ktorým bola konfrontovaná od prvých dní vojny. Utajený život spôsoboval Anne Frankovej úzkosť a utrpenie, ale jej rodina mala prístup ku knihám, absolvovala univerzitné štúdium a s pomocou priateľov sa jej darilo získavať jedlo a rozptýlenie. Najväčší strach im naháňali výbuchy, ktoré počuli zvonku.

Život Janiny Hescheles počas okupácie predstavuje brutálny kontrast: okrem toho, že každý deň počula ozvenu delostrelectva, bola svedkom hromadných popráv väzňov a cestou do práce kráčala po ceste posiatej mŕtvolami.

Janina sa nebála smrti, ale osudu vyhradeného pre deti, ktoré namiesto zabitia na mieste pochovali zaživa. Úryvok z jej denníka odhaľuje trýznivý detail: väzni v tábore sa nemodlili za prežitie, ale za zastrelenie, aby bola smrť rýchla a oslobodzujúca.

Guillem Calaforra, Univerzita vo Valencii, Španielsko.

Calaforra vyštudoval katalánčinu a španielsku filológiu na Univerzite vo Valencii a získal doktorát z lingvistiky na Jagellonskej univerzite v Krakove. Je autorom mnohých kníh a stojí za viacerými prekladmi, vrátane Janinho denníka do katalánčiny (Barcelona, tretie vydanie) a španielčiny (Madrid).

Úryvok z katalánskeho a španielskeho vydania:

V roku 2011 som pri príprave prednášky k 100. výročiu Miłosza v Krakove a Bukurešti narazil na dve publikácie, v ktorých sa spomína dielo mne neznámeho spisovateľa Michała Borwicza, aktivistu protinacistického podzemia vo Ľvove a Krakove.

Na konci druhej svetovej vojny Borwicz predložil na Sorbonne doktorandskú prácu, ktorá vyšla v Paríži vo vydavateľstve Presses Universitaires de France (1954) a opäť v Gallimarde (1996) pod názvom Spisy väzňov odsúdených na smrť za nemeckej okupácie *(1939-1945).*

Miłosz knihu chválil, pretože Borwicz jasne vysvetlil paradox, ako holokaust obete industrializovaného vyvražďovania ľudí tak veľmi sužoval, že boli „šokované" a zapisovali veci a svedectvá v jazyku, ktorý neprekračoval klišé a stereotypy.

Borwicz vo svojej knihe venoval kapitolu deťom odsúdeným na smrť, v ktorej vyzdvihuje spomienky dvanásťročného dievčaťa, Janiny

Hescheles, ktorá s jeho pomocou utiekla z koncentračného tábora vo Ľvove.

Borwicz píše: "Jej dôveryhodná a presná pamäť, s ktorou precízne opisuje udalosti – nepoznáme žiadne podobné dielo, ktoré by na tak málo stranách spájalo toľko udalostí so schopnosťou vyjadrovania. V rukopise nie sú žiadne stopy po opravách. Naopak, práve primitívnosť denníka mu dodáva celistvosť. Tieto zápisky boli napísané v čase, keď bol Janin život ešte v ohrození. Keďže sa jej postoj k existujúcim okolnostiam nezmenil, jej dielo sa vyznačuje dôslednosťou, zodpovedajúcou realite jej života."

V posledných rokoch vyšlo v španielčine mnoho kníh svedkov holokaustu, väčšinou dospelých: Primo Levi, Imre Kertész, Tadeusz Borowski a Elie Wiesel, aby sme vymenovali aspoň niektorých. Jediným textom dievčaťa alebo chlapca, ktorý bol široko publikovaný, je denník Anny Frankovej, ktorý opisuje jej dvojročnú existenciu v tajnom úkryte v Amsterdame, ale odhaľuje len málo z prevládajúcej antisemitskej atmosféry v tom čase. Rozhodol som sa teda vyhľadať Janinu knihu a objasniť otázku autorských práv.

V apríli 2012 som kontaktoval Jad Vašem v Jeruzaleme a získal som kontaktné údaje Janiny Altmanovej. Myslel som si, že ide o dcéru Janiny Hescheles, ale dostal som odpoveď: "Nie, to som ja. Je to môj denník." To bolo pre mňa uzavretie magického kruhu.

Zamrazilo ma od dojatia, keď som dostal e-mail podpísaný Janinou Altman. Odvtedy sa naša korešpondencia stala zdrojom duchovnej výživy. Janina, žena, ktorá v mladosti prežila šoa, od dospelosti žije v Izraeli, teraz má osemdesiat rokov a píše jasné a živé listy; a vytrvalo sa zasadzuje za ľudské práva v okupovanej Palestíne. Svojmu prekladateľovi dala nezmazateľnú lekciu ľudskosti, veľkorysosti, vnútornej sily a optimizmu. Vďaka nej, jej trpezlivosti a ochote vysvetliť veci sa podaril preklad do španielčiny a katalánčiny.

Ewa Kozminska-Frejlak, sociologička, pravidelná prispievateľka do židovského mesačníka *Midrasz* a vedúca redakčnej rady Janinho denníka.

Úryvok z druhého poľského vydania, Varšava, 2016:

Janina Hescheles sa narodila v roku 1931 vo Ľvove ako dcéra Amálie a Henryka Heschelesovcov. Text jej denníka vznikol v Krakove v roku 1943 po autorkinom úteku z tábora Janowski vo Ľvove. Denník vďačí za svoj vznik, podobne ako mnohé iné svedectvá napísané počas vojny na „árijskej" strane, iniciatíve židovských odbojárov spolupracujúcich so Żegotou, poľskou Radou pre pomoc Židom – v tomto prípade krakovskou pobočkou. Aktivisti vyzývali ukrývajúcich sa, aby si viedli denníky a zaznamenávali svoje spomienky z nedávnej minulosti, pričom im poskytli zápisníky a ceruzky. Neskôr dostali ďalšie záznamy, ktoré ukladali a strážili a v prípade potreby ich prenášali z miesta na miesto. Prispeli k vzniku prameňov dokumentujúcich holokaust, pričom si plne uvedomovali význam materiálu, ktorý zhromaždili – pre budúcich historikov, ale aj pre identitu židovského národa vo všeobecnosti...

V auguste 1944 Červená armáda dosiahla Lublin, prvé poľské mesto oslobodené spod nemeckej okupácie. Prišli tam židovskí historici a spisovatelia a založili Židovskú národnú radu, ktorej úlohou bolo triediť a usporiadať dokumentáciu o šoa. S postupom sovietskych vojsk boli pobočky rady zriadené aj v ďalších mestách.

V máji 1945 sa „denník Hescheles" spolu s niekoľkými ďalšími rukopismi dostal do Lodže, kde v tom čase sídlila Ústredná židovská historická komisia. Neskôr boli denníky presunuté do krakovskej pobočky, ktorej predsedom bol Michał Borwicz, ktorý sa podieľal na úteku Janiny Hescheles z tábora Janowski. Borwiczovou zástupkyňou bola Maria Hochberg-Mariańska, v ktorej starostlivosti sa Janina ocitla po úteku z tábora a ktorá po vojne pracovala pre krakovskú pobočku komisie a neskôr pre Jad Vašem v Izraeli.

Piotr Laskowski, Varšavská Univerzita.

Úryvok z druhého poľského vydania, Varšava, 2016:

Okrem postáv, ktoré sa objavujú v histórii, hrdinov a hrdiniek konšpirácie a odboja, sú v týchto spomienkach aj hrdinovia, o ktorých sa zvyčajne nehovorí: kamarát v detskej hre, spoluväzeň – spoločník v táborovej biede, nespokojní susedia na lôžkach v chatrči.

Janina Hescheles starostlivo zaznamenáva ich mená a tento denník je možno jediným miestom, kde sa zachovala ich existencia, akoby toto malé dievča vedelo a chápalo, že príbeh ako celok je možný len vtedy, keď sa zachová každá stopa, každá iskra a každý fragment. Len tak si možno uvedomiť náročnú odpoveď viery, že všetko utrpenie „sa niekde, nejako počíta". Slová Janiny Hescheles, zaznamenané v Epilógu tohto vydania, nie sú dodatkom k spomienkam, ale ich neoddeliteľnou súčasťou: „Dnes je môj Ľvov všade."

Livia Parnes, historička a koordinátorka kultúrnych aktivít v Mémorial de la Shoah v Paríži; spolueditorka francúzskeho vydania Janinho denníka.

Úryvky z francúzskeho vydania a filmu Isabelle Vayronovej *Janine zápisníky*, Paríž, 2017:

V roku 2013 bola v Mémorial de la Shoah v Paríži otvorená výstava s názvom „V srdci genocídy. Deti v šoa 1933-1945." Na začiatku výstavy vidíme zažltnuté stránky z rukopisu v poľštine, ktorý nám požičal archív Židovského domu bojovníkov v Izraeli. Dozvedáme sa, že jeho autorkou bolo dvanásťročné dievča, Janina Hescheles, ktorá napísala svoje spomienky niekoľko týždňov po úteku z koncentračného tábora na Janowskej ulici vo Ľvove, a že jej memoáre (jej „denník") vyšli v Krakove v roku 1946. V tom istom roku, 2013, archívy dali celý rukopis na internet.

Niekde inde filológ z Valencie Guillem Calaforra, ktorý pracuje na preklade poľského vydania denníka, nájde v archíve rukopis a pustí sa do nesmiernej práce, aby ho porovnal s vydanou brožúrou, z ktorej boli, zrejme aby sa vyhli cenzúre, vynechané všetky zmienky o sovietskej okupácii Ľvova. V Calaforrovom preklade do katalánčiny a španielčiny boli tieto časti denníka obnovené, čo má vplyv na ďalšie pripravované vydania.

Najdojímavejším aspektom všetkých týchto aktivít môže byť to, že pravdepodobne zohrali úlohu v tom, že Janina po 70 rokoch našla silu preložiť svoje memoáre do hebrejčiny a nájsť vydavateľa.

Judith Lyon-Caen, historička, EHESS, Škola pre pokročilé štúdium spoločenských vied, Paríž 6; spolueditorka francúzskeho vydania Janinho denníka.

Úryvky z filmu Isabelle Vayronovej *Janine zápisníky*, Paríž, 2017:

Michalovi Borwiczovi sa venujem od roku 2010. Keď som čítala jeho priekopnícku knihu Spisy väzňov odsúdených na smrť za nemeckej okupácie (1939-1945), ktorá vyšla v roku 1954 v Paríži, dozvedela som sa o spomienkach mladého dievčaťa, ktoré Borwicz nazýva „Jeannette H." a prirovnáva ju k Anne Frankovej.

Takto som objavila toto svedectvo. Text je písaný z pohľadu dieťaťa. Ide po ulici a vidí, ako k nej prichádzajú v panike dospelí. Je to takmer kinematografické: vnútorné zameranie na dieťa, ktoré vidí panikáriacich dospelých, ľudí, ktorí bežia, kričia... Neanalyzuje hneď situáciu z pohľadu dospelých, ktorí majú tendenciu okamžite kontextualizovať a vysvetľovať – veci sa dejú, toto sa deje.

Tento text prispieva k tomu, aby verejnosť oboznámená s modelom Osvienčimu, najmä z Francúzska, získala iný pohľad na skúsenosť organizovanej smrti. Janowski bol centrom smrti, zomrelo v ňom viac ako 200 000 ľudí, ale keďže sa nachádzal na predmestí Ľvova, bol to aj priepustný priestor, pretože niektorí väzni pracovali v meste a existovalo niekoľko únikových ciest, čo vlastne pomohlo Janine utiecť. Nebolo to centrum smrti uzavreté a izolované od všetkého. Naopak, v dielňach D.A.W., kde pracovala aj Janina, boli zamestnané takzvané „árijské" poľské ženy. Je tu taká zmes, pórovitosť... Vieme o nej abstraktne, ale je veľmi odlišná od veľkej táborovej skúsenosti práce a smrti, ktorú pre Francúzov stelesňuje Osvienčim.

Janine zápisky, ak to tak môžem povedať, nám umožňujú vstúpiť do skúsenosti pracovného tábora, ktorý je zároveň táborom smrti, so ženskými barakmi, mužskými barakmi a orchestrom, ktorý zohráva dôležitú úlohu v tom, čo väzni ironicky nazývajú „kultúrne aktivity"...

Čitateľ tak takmer na vlastnej koži zažije táborový život, hoci sa to naozaj nedá nazvať životom.

Catherine Coquio, profesorka komparatívnej literatúry, Univerzita Diderot, Paríž 7, spoluautorka knihy *L'Enfant et le Génocide*, spoluvedúca série *Literature, History and Politics* vydavateľstva Classiques Garnier, ktoré vydalo Janin denník.

Úryvky z filmu Isabelle Vayronovej *Janine zápisníky*, Paríž, 2017:

Približne v rokoch 2000-2001 som spolu s Auréliou Kalisky začala investigatívny výskum, v rámci ktorého sme zbierali publikované texty. Snažili sme sa pochopiť špecifické zdroje a správanie detí počas šoa. Medzi týmito textami sme našli knihu Michala Borwicza,

Spisy väzňov odsúdených na smrť za nemeckej okupácie (1939-1945). Jedna z kapitol bola zameraná na písomnosti detí.

Medzi výpoveďami sa nachádzali zošity s výpoveďami Janiny Hescheles a denník Anny Frankovej. Zarazil nás veľmi veľký rozdiel medzi nimi. V texte Anny Frankovej nechýba násilie. Je v ňom cítiť predtuchu a túžbu po ochrane, ale ten Janin nás úplne ponorí do najhoršieho druhu násilia.

Takže nájdenie tohto príbehu, napísané dieťaťom, ktoré to všetko prežilo, bolo absolútne mimoriadne. Z mnohých dôvodov je toto svedectvo výnimočné a výnimočná je aj jeho autorka.

Michal Borwicz a Janina boli v jednom tábore Janowski na predmestí Ľvova, neďaleko geta. V tom čase mal asi 30 rokov, bol spisovateľom a básnikom. Neskôr sa stal historikom. Počul, ako dievča, o ktorom mu predtým rozprávali, recituje svoje básne v tábore, neďaleko ženských barakov, a to ho zaujalo. Tento text má veľmi bohatú a dojímavú históriu, pretože bol zozbieraný a zachránený, rovnako ako bolo zachránené to dievča. Neskôr ho vydal ten istý muž, ktorý ho zachránil.

Texty preživších, najmä detí, nás nesmierne dojímajú. Pri čítaní takýchto textov je nemožné zachovať si ľahostajnosť. Preto sa mi zdajú nesmierne cenné, možno ešte cennejšie ako literatúra tretej a štvrtej generácie, ktorá je síce podstatná, ale nemá takú silu mobilizovať nás a otriasť nami.

Viem, že Janina je nahnevaná, vlastne viac ako nahnevaná, na súčasnú politiku Izraela. Aj keď používa frázy, ktoré môžu znieť prehnane, je dôležité, že tento hnev v knihe zaznieva. Je to aspekt jej osobnosti. Mladá Janina by nepísala tak, ako písala, keby intenzita toho, ako veci prežíva, nebola neoddeliteľnou súčasťou jej osobnosti.

Michal Kirzner-Appleboim, prekladateľka, editorka, spisovateľka; editorka hebrejského vydania Janinho denníka.

Úryvky z hebrejského vydania, Haifa, 2016:

Málokedy sa stáva, že práca na vydávaní kníh vedie k nečakanému ľudskému kontaktu. Keď som dostala e-mailovú žiadosť od osoby menom Janina o vydanie hebrejskej verzie denníka, ktorý spísala počas šoa, netušila som, že text aj osoba vo mne zanechajú taký hlboký dojem.

Dvere jej domu otvorila malá, štíhla žena, pripomínajúca dvanásťročné dievča. Ale nemýľte sa, táto žena bola silnejšia ako kovy, na ktorých pracovala dlhé roky ako výskumná chemička.

Janin denník je okrem historického významu ako svedectvo napísané v reálnom čase aj peánom na ľudského ducha, ktorý je silnejší ako všetky sily temna. Janina bola v detstve vystavená nepredstaviteľnej krutosti a stratila všetkých svojich blízkych, ale dve veci jej vojna nemohla vziať: vieru v človeka a nádej.

Viera v človeka je pre Janinu, veteránku a aktivistku za ľudské práva, rovnosť a mier, vodiacim svetlom. Čo sa týka nádeje – je takmer neuveriteľné, že žena, ktorá v detstve zažila tie najstrašnejšie veci, dokázala nielen tak obdivuhodne poskladať roztrieštené fragmenty svojho života, a to v osobnom aj profesionálnom živote, ale dokonca konštatovať, že „život je krásny". Aké je to poučenie pre nás všetkých.

Helena Ganor, ktorá prežila holokaust vo Ľvove, lekárka na dôchodku v južnej Kalifornii, autorka knihy *Štyri listy svedkom môjho detstva*.

Úryvky z jej knihy, Syracuse University Press, 2007:

V gete počas nacistickej okupácie jedno zo starších dievčat, ktoré sa volalo Janka Hescheles, zorganizovalo divadlo a všetci sme sa striedali v nejakých vymyslených úlohách. Jej otec bol pred vojnou redaktorom významných novín vo Ľvove. Všetci sme sa tešili tomuto imaginárnemu úniku z našej pochmúrnej existencie.

Po vojne vydala o týchto časoch knihu Oczyma dwunastoletniej dziewczyny. *Mám túto knihu, ktorú som si priniesla so sebou do Ameriky. Otec mi ju po vojne kúpil, pretože písala o mne, pomenovala ma mojím krstným menom a priezviskom, a tak zo mňa urobila viac než len anonymné dievča, ktoré prežilo toto strašné obdobie.*

Kniha, ako ju vnímam teraz, bola poľskou obdobou denníka Anny Frankovej. Aké smutné je, že túto knihu svet nepozná. Nie je známa preto, lebo toto dievča nevedomky vykreslilo menej než ušľachtilý obraz krajiny, ktorú sme kedysi nazývali našou. Ľudia teda nechceli „šíriť správy" a popularizovať jej knihu.

ŽIADOSŤ O RECENZIU

Vážený čitateľ,

Ak sa vám páčilo čítať moju knihu, prosím, zanechajte recenziu na stránkach Amazon alebo Goodreads. Stačí pár milých slov. Veľmi si to budem vážiť.

Prípadne, ak ste moju knihu čítali ako elektronickú knihu pre Kindle, môžete jednoducho zanechať hodnotenie.
Je to len jednoduché kliknutie, ktorým uvediete, koľko hviezdičiek z piatich si podľa vás táto kniha zaslúži.

Bude vás to stáť len zlomok sekundy.
Vopred vám veľmi pekne ďakujem!

Janina Hescheles

SLOVNÍK

Kurzívou sú uvedené mená osôb, ktoré sa spomínajú v týchto memoároch.

Arbeitsamt für Juden – židovský úrad práce

Askari – ukrajinský dozorca

Aufseher – inšpektor

Ausweis – preukaz totožnosti

Belzec – vyhladzovací tábor

Brygidki – väzenie, v ktorom bol zabitý Henryk Hescheles

Bügler – žehlič

Chwila (Chvíľa) – židovský denník v poľštine, ktorého šéfredaktorom bol Henryk Hescheles

D.A.W. (Deutsche Ausrüstungswerke) – nemecké zbrojárske závody

Einsatzkommando – jednotka špeciálnych operácií

Esskarte – potravinové poukážky

Frauenlager – ženský tábor

Gelände – otvorený priestor v D.A.W., v ktorom sa nachádzal mužský tábor

Haushalt – domový certifikát

Heraus – choď von

Judenrat – židovská rada

Judenrein – bez Židov

Jüdischer Ordnungsdienst – židovská domobrana

Julag (Jüdisches Arbeitslager) – zvyšky geta, v ktorom ešte žili robotníci

Kolonnenführer – vedúci kolóny

Kontrollstube – bezpečnostná chata

Lagerpolizist – táborový policajt

Lemberg, Lvov, Lviv – rakúske mesto (Lemberg) pred prvou svetovou vojnou, poľské medzi prvou a druhou svetovou vojnou, ukrajinské (sovietske) po druhej svetovej vojne

Meldekarte – registračná karta *Arbeitsamtu* alebo židovského úradu práce

Mémorial de la Shoah – pamätné centrum šoa v Paríži

Mischling – potomok zmiešaných árijských a židovských rodičov alebo starých rodičov

Ordner, Werkschutz – sanitár, disciplinovaný

Piaski – „Piesky", miesto masových popráv a spaľovania tiel, neďaleko tábora Janowski

Rohstoff – podnik na recykláciu „surovín"

Sanitätspersonel – zdravotnícky pracovník

Scheisskarte – povolenie ísť na latrínu

Schupo (Schutzpolizei) – policajt

Sonderdienst – špeciálna služba

Technion-Izraelský technologický inštitút (Haifa) – kde Janina študovala chémiu a získala doktorát

Todbrücke – Most smrti

Unterkunft – nemecký administratívny úrad, ktorý riadil *Julag*

Wachmänner – nemeckí strážnici

Konferencia vo Wannsee – na ktorej nacistické vedenie prijalo uznesenie o „konečnom riešení židovskej otázky"

Wäscherei – chatrč pracovníkov práčovne

Waschraum – práčovňa

Wehrmacht – nemecké ozbrojené sily

Weyssenhof – väzenie vedené židovskou políciou

Wohnungsamt – bytový úrad

Żegota – Rada pre pomoc Židom

Zurichter – osoba, ktorá pripravovala materiál na šitie

Zwangsarbeitlager – tábor nútených prác

INDEX

Mená a miesta v týchto memoároch sú označené kurzívou.

Adlersberg

Akser, Ryszek

Ala

Altman, Eitan a Zwi (Janini synovia)

Altman, Kalman (Janin manžel)

Bartman-Elhalel, Anat

Blumenthal, Jerzy (matkin brat, Salin manžel)

Blumenthal, Mundek (matkin brat, otec Kláry a Gustawa/Gustaka)

Blumenthal, Rena (druhá manželka Mundeka Blumenhtala)

Borwicz (Boruchovitz), Michał (Maksymilian, Maks, Ilian)

Brat (Broniin manžel, redaktor a potom úradník)

Calaforra, Guillem

Coquio, Catherine

Dianowa, Ada

Fränkel, David

Ganor, Helena

Gebauer

Gottesman, David

Grossvak, Serge

Grün, Helena a Yerachmiel

Hasenus, Lucy

Hescheles (Blumenthal), Amalia (Lusia, matka, mamuška)

Hescheles, Henryk (otec, tatuš)

Hescheles, Janina (Janka, Janula, Yania)

Hescheles, Mundek (otcov brat)

Hirsch, Jacob (Janin bratranec)

Hochberg-Marianska, Maria (Marysia)

Hrytsak, Yaroslav

Jakubowicz, Bronislaw (Bronek)

Janowska (Wójcikowa), Wanda

Jolles, doktor

Karkkäinen, Tapani

Kirzner-Appleboim, Michal

Kleinmann, Perec

Kordybowa

Kozminska-Frejlak, Ewa

Kurzrok, Maksymilian

Labiner

Landesberg, Henryk

Laskowski, Piotr

Levin, rabin

Lyon-Caen, Judith

Marianska (Maria-Hochberg)

Matinpuro, Teemu

Marysia, teta (matka Irky and Laly)

Mas-Asherov, Bilha

McCarthy, Dinah

Miłosz, Czesław

Nowicka

Olga

Orland

Parnas, Jozef

Parnes, Livia

Piotrowska, Jadzia

Piotrowski, Mieczyslaw (Mietek)

Rachmilevich, Noam

Rena (Elzbieta), Aiden

Rotfeld, Adolf

Rysińska, Ziuta

Shelach, Chen

Somish, Sasha (Alexandra)

Strzalecka, Jadwiga

Sukorkina, Tatyana

Szeptycki (arcibiskup), Andrij

Tadanier, doktor

Vayron, Isabelle

Wahrman, Bumek/Bronek (Abraham)

Warzok

Zipper, Mania (Miriam)

Żuk, Agnieszka

Printed in June 2023
by Rotomail Italia S.p.A., Vignate (MI) - Italy